苦しみの中から立ち上がれ

アントニオ猪木「闘魂」語録

アントニオ猪木

宝島SUGOI文庫

宝島社

はじめに

アリ戦、異種格闘技戦、タイガーマスク、巌流島決戦、東京ドーム興行、ソ連アマレス軍団……。参議院議院としては戦火前のイラクに乗り込み日本人の人質解放にも尽力した。

その常識を超えた発想と行動力で猪木氏はカリスマとなり、現在もプロレス・格闘技界の枠を超えた存在であり続けている。

本書は、過去約40年にわたる新聞・雑誌のインタビューや連載、猪木氏の著書から「仕事」「発想」「行動」「人間」「自信」「組織」というテーマで言葉を厳選し、掲載したものである。閉塞した時代を生きるわれわれにとって猪木氏の人生哲学、仕事哲学は少なからずヒントになるのではないだろうか。

各言葉の出典は巻末に掲載しているので、より深く知りたい方は原典にあたっていただきたい。最後に、本書を制作するにあたり猪木氏の発言の転載・引用を快諾いただいた新聞社・出版社などの各社に、心より御礼申しあげます。

苦しみの中から立ち上がれ　アントニオ猪木「闘魂」語録　目次

本書は、2020年6月に小社より刊行した
単行本『アントニオ猪木 闘魂語録大全』を文庫化したものです。

※本文は、スペースの都合により、原典となる新聞・雑誌とは一部改行が
異なります。

本文DTP 山本秀一＋深雪（G-clef）
写真 原 悦生（Essei Hara）
協力 甘井もとゆき（コーラルゼット）

第一章 仕事

真の
プロフェッショナルに
必要なこと

闘魂語録

001

観客とレスラーの力関係

リング側に、カリスマ的な絶対性があってこそ、ファンの方がついて来るんです。「絶対性のエネルギー」をこっちが持っていないとだめですよ。

作家・葉青との対談で、「プロレスとはスポーツを超えた、勝った負けたというもの以上の感動を観客と自分と一体となって演出するものである」と語って。

——2000年8月

アメリカに修行に行った時、自分は20歳でメーンイベンターになったんです。その役割は、会場をお客でいっぱいにすることで、当然、メッセージというか、自分を表現しなければならなかった。だから、その時のお客の求めているものをいち早く知らなければならない。それに、リングとお客の力関係は、リングの方が絶対的に強くなければいけない。今の若い選手は、そこを勘違いしているんです。拍手を求めたりね。リング側に、カリスマ的な絶対性があってこそ、ファンの方がついて来るんです。そこが最近、ヒーローがいなくなったと言われる原因です。「絶対性のエネルギー」をこっちが持っていないとだめですよ。

闘魂語録

002

アリ戦での戦略

オレは絶対に相手の土俵では戦わない。

1976年6月のモハメド・アリとの異種格闘技戦。寝たままの猪木に向かってアリは何度も「立て」と挑発したが、それに決して応じなかった理由を語って。——2006年9月

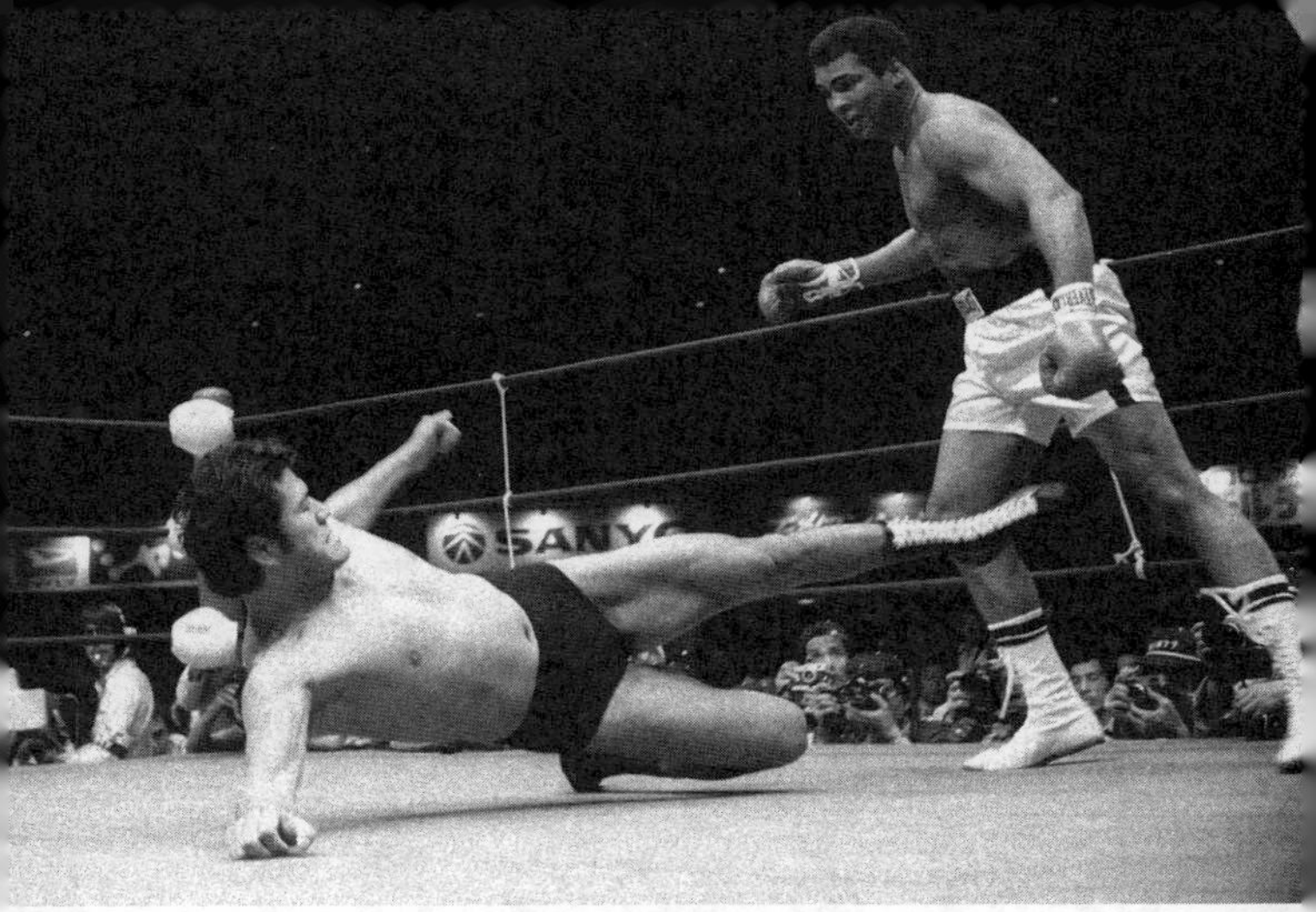

今の選手はちょっと他競技を覚えると、自分の出身競技をおろそかにする。たとえばレスラーが打撃を習うと、構えまでボクサーになってしまう。だから相手のペースにはまる。オレは絶対に相手の土俵では戦わない。アリ戦はルールに縛られたこともあったが、パンチが当たったら終わり。自分のスタイルは崩すつもりはなかった。

闘魂語録

003

期待に応える

プロの価値というのは、ギャラを1億取ったから凄いとか、そういうもんじゃない。重要なのは自分が求められているものを素早く察知して、行動で応えるということであってね。

「猪木軍vs.K-1」の第2ラウンドが行われる「INOKI BOM-BA-YE 2001」を前に雑誌のインタビューに語って。この大会で新日本プロレスの永田裕志はミルコ・クロコップを相手に初の総合格闘技戦に挑んだ。

——2002年1月

小川は、まず摑《つか》みにいくところから入る柔道の癖も克服して、空手家の佐竹（雅昭）と打撃でもいい勝負しましたし、素質も可能性もある。ただ、小川に絶対的に欠けているのは、そういう技術よりも、プロとしての使命感のようなものなんですよ。今回、永田が気づいた、世間の期待に応える感性というか。プロの価値というのは、ギャラを1億取ったから凄いとか、そういうもんじゃない。重要なのは自分が求められているものを素早く察知して、行動で応えるということであってね。期待に応えないと。それが出来れば、おのずと自分の商品価値だって上がる。金なんて、それから幾らでも入ってくる。でないといくら才能があっても、開花しないまま世間に忘れられてしまう。時代の流れは想像以上に速いから、そこにそろそろ気づかないと。ヒクソン（・グレイシー）だって忘れられようとしてるくらいなんだからね。

闘魂語録

004

スタン・ハンセンの凄み

単純な技の繰り返しでも
テンポよく勢いが付くと、
迫力が生まれる。
それが頂点に達すれば
壮絶な美になる。

新日本プロレス時代のスタン・ハンセンとの死闘を振り返り、ハンセンの「凄み」を分析した。 ――2010年1月スタン・ハンセンは不器用な選手だったが、私と闘ううちに自分の中に眠っていた持ち味に気付き、あっという間にその頭角を現す。馬力のみに頼っていた攻撃に、独特のリズムが生まれて来たのである。

彼の得意技はウエスタン・ラリアットと言う、渾身の力で相手の首に前腕を叩き付ける単純明快なものだった。単純な技の繰り返しでもテンポよく勢いが付くと、迫力が生まれる。それが頂点に達すれば壮絶な美になる。

私とスタン・ハンセンとでは闘うリズムがまったく違っていた。そのことがかえって予定調和のリズムを狂わせて変調子になり、かつてない面白さが出て来たのだ。スタン・ハンセンは一気にスターダムに伸《の》し上がった。

闘魂語録

005

理想は高く

高い理想がなければ、棚ぼたもないし、向こうから何もやってこない。

プロレス人気が下降した1990年代後半、蝶野正洋と武藤敬司に「WWEをぶっつぶしてみろよ」と言ったところ、2人の答えが「そんなことできませんよ」だったことを明かして。――2006年8月

あり得ない夢を持つ人がいない。先に何でも計算してしまう。だから、もう1歩踏み出せない。そこが今のプロレス、格闘技の面白くないところ。まさに「ばかになれ」だが、高い理想がなければ、棚ぼたもないし、向こうから何もやってこないんだ。

闘魂語録

006

フライデー事件とビートたけし

人に気をつかって
平均点とってるやつに
光るだけのエネルギー
なんかありっこない。

1986年12月に「フライデー襲撃事件」を起こしたビートたけしを引き合いに出し、事件のことは別とし、「あんなに光っているやつはいない」と評価して。　──1987年2月

みんないろいろな物差しを持っているけど、同一の自分の物差しでしか他人のことを見れないやつは悲しいよね。平均点だけとって満足しているやつの物差しですごい力を持って光っているやつを測ったって正しくは評価できやしないしね。たとえばビートたけしのこと。人に気をつかわず、思いきってやりたいことをやって暴言はいて、あんな事件を起こしたけど、あんなに光ってるやつはいないよね。あの事件が正しいか正しくないかは人の物差しで違ってくるけど、人に気をつかって平均点とってるやつに光るだけのエネルギーなんかありっこない。

闘魂語録

007

新しいものを生み出すには「本音」が必要

たとえそれが暴言に近いものでも、自分の本音を出すことが必要なんだ。ファンのための言葉だけに、こだわっていると何も生まれてこない。

佐々木健介との対談で、世界のプロレスには徹底したヒールが不在になってしまったが、自分の感じたことをガンガン言う姿勢が「新しいもの」を生むのだ、と説いて。

——1994年10月

闘魂語録

008

人間に不可能なんて言葉はない

今日の絶対は
明日の絶対ではない。

不可能といわれながら、ソ連(現・ロシア)のアマレスラーを新日本のリングに上げてみせたことを振り返って。——1992年1月

一九八九年十二月三十一日、モスクワ。私にとっては七か月ぶりのリング。燃えたよ。頭の中が真っ白になるまで完全燃焼したよ。

今だから言うけど、ソ連のレスラーを呼ぶと言った時、誰ひとり本気にはしなかった。「無理にきまってますよ」と鼻で笑っているヤツもいた。「でも扉が開くか開かないか、自分でカギを持ってやってみなくちゃ、分かんないじゃないか」と私は言った。そして実際に、鋼鉄のように思われていた扉を開けてみせた。

人間に不可能なんて言葉はない。今日の絶対は明日の絶対ではないんだよ。

闘魂語録

009

お金より大事なこと

お金や他人の評価より、自分の生きている意味をどれだけ感じることができたかどうかのほうが、仕事においては大事なことだと思う。

ブラジルで展開する環境事業に関して問われて。 ——1999年4月昔からよく「猪木さんは何で儲かりもしないことばかり一生懸命やるんですか？」とか「せっかく意義のあることをやっているんだから、もっと上手に自分の宣伝に利用すればいいのに」とか言われてきたけど、結論から言うなら、俺はいつでもやりたいことを心のままにやってきただけだし、これからもそうしていきたいだけなんです。

金を儲けたいとか、世の中に認められたいといった気持ちが、まったくなかったと言えばそれも嘘になるけど、俺は少なくとも世にはびこっている〝偽善や計算が見え見えのボランティア〟のような真似はしたくない。儲かったかどうかや世間にどう評価されたかより、自分の生きている意味をどれだけ感じることができたかどうかのほうが、仕事においては大事なことだと思うんですよ。

――『週刊宝石』（光文社）1999年4月29日号「リレーエッセイ　ザ・格闘技　必殺の二千字バトル　第3回・〝癒やされている〟今の自分」

嘘や偏見に立ち向かう原動力

闘魂語録

010

やっぱり、人間、怒りがないとダメだな。

引退後のインタビューで。プロレスへの偏見を払拭するため、そしてプロレスの市民権を確立するために闘ってきたことを語って。世の中の嘘や偏見に立ち向かうたび、自分自身が強くなっていったという。

——1998年7月

やっぱり、人間、怒りがないとダメだな。ところが、いまの若者はどうだ？ 世の中の嘘に立ち向かうどころか、表面のきれいごとに流されているじゃない。政治に対してだって、そう。なんで若いパワーがこの国を変えようとしないのか？ いや、もう国なんていわない。せめて自分自身を変えようとしないのか。よく、若いレスラーに「俺たちは選ばれた人間だと思え」といって、プライドを持って自分を鍛えるようにいってきたけど、誰にだって「選ばれた」と誇れることのひとつやふたつはあるはずなんだ。違うか？

闘魂語録

011

逆転の発想

人間が追いつめられた時に出すエネルギーは、それは凄いものがありますからね。

離婚や母の死、体力の衰えが噂されるなど自身にとってマイナスな出来事が立て続けに起きたことに関して問われて。

——1988年2月

オレは元来、人がいいというか楽天家で何でもプラス志向で考えるタイプ。一度起きてしまったことは、恨んだって悲しんだって仕方がない。負の方向にエネルギーを使うのはもったいないという気持ちがあるわけですよ。どうせだったら前向きの方向で使いたい。マイナスエネルギーをプラスに転化させて一気に爆発させる。〝逆転の発想〟とでもいうんですかね。

だからオレは若手に対していうんですよ、「安定した道ばかり選んでいると、エネルギーがわいてこなくなる！」って。皆さん気付いていないだけで、人間が追いつめられた時に出すエネルギーは、それは凄いものがありますからね。

闘魂語録

012

執着心が化け物のような結果を生む

後輩たちにもあちこちで、常日頃からあきらめがいいやつはダメだって言っているんですよ。

順天堂大学医学部教授・天野篤氏との対談で、天野氏が心臓手術も「闘い」であると語るなかで。ちなみに天野氏は高校時代からの筋金入りの猪木ファン。

――2012年9月

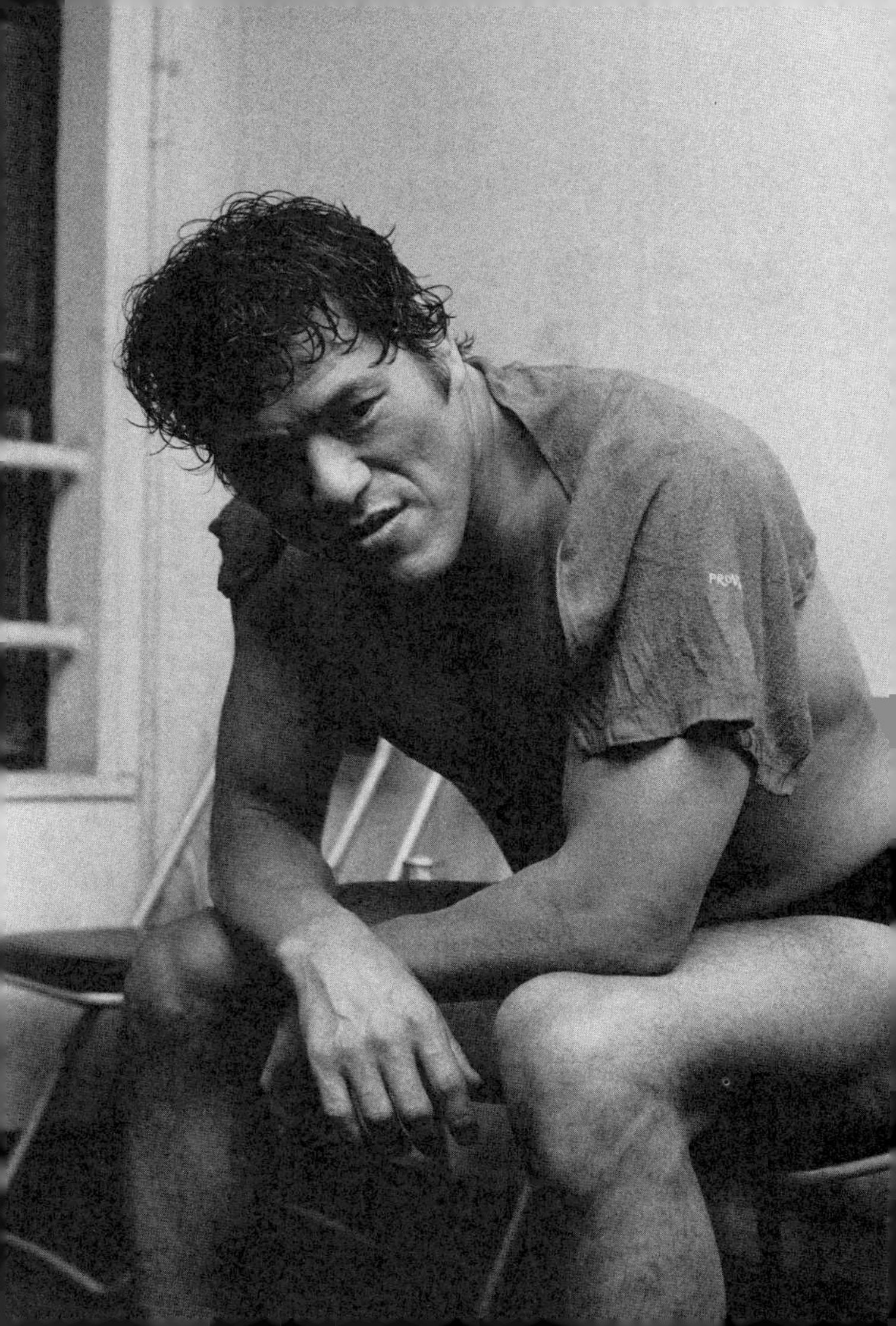

闘魂語録

013

新生UWFブームについて

俺が通ってきた道というのは、あくまでも自然発生的なものだった。誰に仕掛けられたのでもなく、自分自身で歩んできたんだ、という重みを感じることができる。

プロレス界における“馬場vs.猪木”の対立の構図を次の時代まで引っ張るのはよくないとし、新生UWFについて語って。

——1989年7月

前田にしても世間に対していろいろアピールしてるようだけど、結局「猪木がいなければ、自分たちはなくなってしまう」ということに気が付いてきたと思う。役割がわかってきたんです。どちらがいい、悪いじゃなく、お互いを素直に見て、自らのエネルギーにするという、非常にプラス指向の考え方だよね。ただ、UWFのようなイベントは、状況を意図的に作ろうとして作っている。俺が通ってきた道というのは、あくまでも自然発生的なものだった。誰に仕掛けられたのでもなく、自分自身で歩んできたんだ、という重みを感じることができる。そこが、他の選手には超えられない部分じゃないかな。藤波にしても、長州にしても苦しんでますよ。

闘魂語録 014

本当のプロとは？

世間には、よく「私はファンのために頑張ります」なんていうやつがいるけど、そんなの嘘だね。

「プロとは何か」と問われて。

——1988年2月

世間には、よく「私はファンのために頑張ります」なんていうやつがいるけど、そんなの嘘だね。ファンのためにだけ頑張ってたらダメになっちまうよ。いつだって離れていくんだもん。あくまでもテメエの生き方をどれだけ主張するか！　そしていかにファンをこっちに向けさすかという、したたかな計算があってこそプロなんでね。

闘魂語録

015

「いい加減」の効用

「イタリア系か」と聞かれたので、「そうでしょう」と答えた。

1988年1月に開催され、大盛況となったイタリア興行のエピソードを語って。
――2010年1月

イタリアにも興行に行った。その時に、イタリア美人がずらりと並んでいるようなワイドショー的なテレビ番組に出た。アントニオと言う名前はイタリアに多い。それで「イタリア系か」と聞かれたので、「そうでしょう」と答えた。私はかなりいい加減なのだ。

それで私はイタリア系だと言うことになり、イタリア興行は大盛況となった。イタリアに行くと未だに私の人気は凄い。

闘魂語録

016

ダーティーで何が悪い

目的のために、多少のことなら手段を選ばず、という姿勢が必要だ。

政治家もビジネスマンも「いい子」で個性のない人間では生き残れないと説いて。
——2001年9月

政治家なら誰だって自分の目的、自分がしたいことがあるはず。絶対に「俺はこれがやりたいから政治の世界へ入った」というものがあるだろう。

人間はどんな職業でも同じだ。プロレスラーのように、それが政治家としての個性になる。常識に縛られていたら、なにもできない。

もしかすると、政治家は自分の考えを頭の固い役人から反対されるかもしれない。しかし、その目的のために、多少のことなら手段を選ばず、という姿勢が必要だ。

闘魂語録

017

努力するのは当たり前

「俺がやってることは当たり前のことなんだ」と思え。すると、当たり前のことをやっているのだから、今ひとつ伸びないのは当然だ。

経営者、ビジネスマンとしての心構えを語って。努力をするのは当たり前であり、人と同じ努力をしても今ひとつ伸びないのは当然だと説いた。　　　——1983年2月私はこれまで、つねに完全燃焼してきた。何をやるにも全力でぶつかった。それで成功するかしないかは別として、いかに燃焼しつくすかということを問題にしてきた。

プロレスしかり、インターナショナルの学校の設立、アントン・ハイセル、そして難民救済……などなど、ありとあらゆることに燃えた。

私は中途半端なことが嫌いである。とことんやらねば満足できない。

その瞬間、瞬間に自分を燃えつくすことができてはじめて努力も実れば、次の高い目標へとすすむこともできる。

「努力はしているのですが、今ひとつ伸びなくて……」

どうしたらいいでしょうと聞きにくる若者も多い。私にいわせれば、ものごとを成しとげるためには努力するなど当たり前である。

一生懸命努力し立ち向いながらも、「俺がやってることは当たり前のことなんだ」と思え。すると、当たり前のことをやっているのだから、今ひとつ伸びないのは当然だ。人と違った努力をしなければ……と、あれこれ工夫をするようになる。

闘魂語録

018

「闘魂」とは何か。俺は自分自身に打ち勝つことだと解釈している。

北朝鮮「平和の祭典」におけるリック・フレアーとの闘いこそ、力道山が築き上げたプロレスであり、北朝鮮の国民の脳裏に焼きつけたかった「闘魂」だと語って。

——2019年1月

「燃える闘魂」は今でこそ俺のキャッチフレーズのようになっているが、ルーツはオヤジ（力道山）にある。

というのも「闘魂」の二文字は晩年のオヤジが好んで使った言葉で、付き人だった俺はオヤジが頻繁に色紙に書くのを見ていた。そして俺は、その言葉をオヤジが残してくれた財産として、ずっと大切にしてきたのだ。

では「闘魂」とは何か。俺は自分自身に打ち勝つことだと解釈している。さらに言えば、リングに上がったら自分に妥協せず、観客に過激なプロレスを見せることで自らの魂を磨いていくことだと理解している。

この日、そんな俺の思いは19万人の大観衆に伝わったはずだ。彼らは俺が闘う姿の向こうに、祖国のヒーロー、力道山の勇姿を見たのではないだろうか。

第二章 発想

大衆の心を摑む
「非常識」という
哲学

闘魂語録

019

「仕掛け」とは何か？

（政治家である）私がリングに立てば、大変なスキャンダルになる。私の友人の議員がリングサイドに駆けつける。仕掛けってそういうものですよ。

一般層にまでプロレスの環状線を拡げるには何をすればいいのか、と語って。当時、猪木は一期目の参議院議員だった。

――1994年6月

いまのプロレスの環状線の輪はアメリカではどんどん小さくなっている。いい試合をやっても、結局それ以上膨らまない。日本の場合もその危険性がある。だから、スケートのハーディングが「女子プロレスに入る！」という話題などをうまく一般のファンに繋げられればいいんですよ。そういう話題があって、そこにいい試合を見せればアッと思っているうちに人気が火を噴くんです。かつては大型新人が入った時、たとえば坂口征二などは、柔道界から入ったということをアピールして、プロレス無関心層にファンを拡げていった。その繰り返しなのです。今のプロレスでスキャンダラスという意味では、私自身が一番スキャンダラスだ。政治家の肩書でリングに上がれるなんて、世界のどこを探してもいない。ロシアでもアメリカでも、私がリングに立てば、大変なスキャンダルになる。私の友人の議員がリングサイドに駆けつける。仕掛けってそういうものですよ。

闘魂語録

020

藤波が後継者になれなかった理由

一番足りないものは〝感動〟だろう。

現役引退後、自身の後継者問題に関しての
藤波辰爾評。　　　　　　——1998年11月

アントニオ猪木の後継者として一番よく名前が挙がったのが藤波だと思う。新日本プロレス旗揚げ以前から師弟関係にあり、レスリングスタイルもわたしに近いものを持っている。（略）「猪木を超えたか？」という議論が一時期あったが、答えはＮＯである。確かに一度は昭和六十年十二月十二日のタッグマッチでフォールを奪われたこともあったが、一線を超えたとまでは言えない。確かにあの試合の藤波の気迫は素晴らしかった。試合終盤の足4の字固めはわたしの足が折れるかと思うくらい決まっていたし、最後のドラゴンスープレックスホールドも最高の輝きを持っていた。ただ、何か分からないが一線を超えて全てを任せられる期待感が湧いてこない。わたしを超える輝きがまだ藤波の中に育っていなかったのだろう。

藤波はわたしの引退試合となった4・4東京ドームで佐々木健介からＩＷＧＰヘビーのベルトを奪取したが、この試合でも何かが足りなかった。

一番足りないものは〝感動〟だろう。感動の与え方はいろいろあるが、観客にこびを売るのではなくて自分の手の上で踊らせる。言葉では簡単だが実際に行動に移すのは難しい。

闘魂語録

021

アンドレの〝キャラ作り〟

素材にこしょうを効かせて、うまく料理する。イベント屋は観客をびっくりさせて、面白がらせることが大事。遊び心、子供心がないとだめなんだ。

アメリカのリングでは「善玉の大男」という設定で埋もれていたアンドレ・ザ・ジャイアントを、“悪役怪物レスラー”として売り出し、スターにしたことを問われて。

——2006年10月

闘魂語録

022

業界内の常識に捉われるな

客を呼びたきゃ
もっと非日常的なものを
提供しないと。
絶対的なものというかね。

プロレス、K-1、PRIDEのメジャー選手が一堂に会し、ルールを乗り越えて対戦する「INOKI BOM-BA-YE 2001」を前に、なぜやるのかと問われて。　――2002年1月

今の自分は、普段は日本にもいないし、プロレスや格闘技とある程度距離を置いている関係で、いろんなことがよく見えるんですよ。ここ1年ほど、プロレス界も格闘技界もあきらかな低迷の予兆を見せている。表面をやたら飾っている割に、何をしたいのか、何を訴えたいのか、主張がさっぱり見えない。みんな一生懸命やってはいるけど、視野が狭くて、ちっとも面白くなってない。業界内だけのつまらない常識というものに騙されていて、商品を売る側の思惑と買う側の感覚がすっかりずれてしまっている。客を呼びたきゃもっと非日常的なものを提供しないと。絶対的なものというかね。それはまさに何でもありで、とにかく、みんなが地盤沈下してしまう前に何かをやらないと取り返しがつかなくなってしまう。

闘魂語録

023

オリジナルこそ最強

マネされたらまた新しい技をあみだせばいいではないかというのが私の考えである。

全日本プロレスで天龍源一郎が猪木オリジナルの延髄斬りや卍固めを使っていることについて、大人の対応を見せて。

——1983年2月

延髄斬り――これは私が開発した技なのだが、最近では、さまざまな選手が使っている。ひと昔前は〝元祖〟技をマネ、しかもフィニッシュ技として使うといったことはしなかった。それがいつしか、我も我もと使いはじめた。

「人マネなんてやめろ」

といっているのではない。どんなに新しい技も、いつかはポピュラー化していくものである。

新しい技は、簡単に生まれるものではない。試合中、あるいは練習中に、

「こんなふうにしたら、必殺技となるかもしれない」

突発的に思い浮かべたものを、きちんとした必殺技として〝実現〟させるには、改良に改良を重ねなければならない。

ファンはそれを知っているから、マネをしたレスラーにきびしいのだが、マネされたらまた新しい技をあみだせばいいではないかというのが私の考えである。

私は、人が開発した技を自分のスペシャル技になどしない。私は、そういったことができない性分なのだ。また、できなかったからこそ、ナンバー・ワンになれた。

闘魂語録

024

「世間」を巻き込む環状線理論

プロレスは、ある意味、劣等意識がある。新聞も扱わない。じゃあ、どうやったら扱うんだ、書くんだ。そういう戦いがいろんな場面である。

猪木のプロレスが常に時代を意識してきたのでは、と問われて。当時のプロレス興行には一般層へ訴求する努力がないことに不満を抱いていた。　——2001年5月俺の場合、いつも戦いの対象が違っていたんだよ。プロレス内ではなくて、対野球であるとか、今なら対サッカーだとか。プロレスは、ある意味、劣等意識がある。新聞も扱わない。じゃあ、どうやったら扱うんだ、書くんだ。そういう戦いがいろんな場面である。チョチョシビリ戦で東京ドームを最初にやるときは、冒険だったわけだよ。俺には環状線理論っていうのがあってね。３００人規模の後楽園ホールは宣伝しなくとも勝手に情報を集めている人が来る。そこから1万人クラスの武道館、両国に客を呼ぶなら何らかの宣伝も打たなければいけない。違ったカードも提供しなければならない。そこから環状8号から外となるともう無制限に大きくなる、外国も含めて、ドームクラスなら5、6万。プロレスに関心のないファンを集めなければならない。この理論、説得力があると思うんだけどプロレスの中では通用しないんだよ。なんなのかな？

闘魂語録

025

哲学とは驚くことである

何でもあり、というかね、こういう混とんとした時代の中でね、非常識っていうか、枠をぶっこわしたものが、望まれているんです。

すべてが型破りだった師匠・力道山を思い出して。　——2001年12月

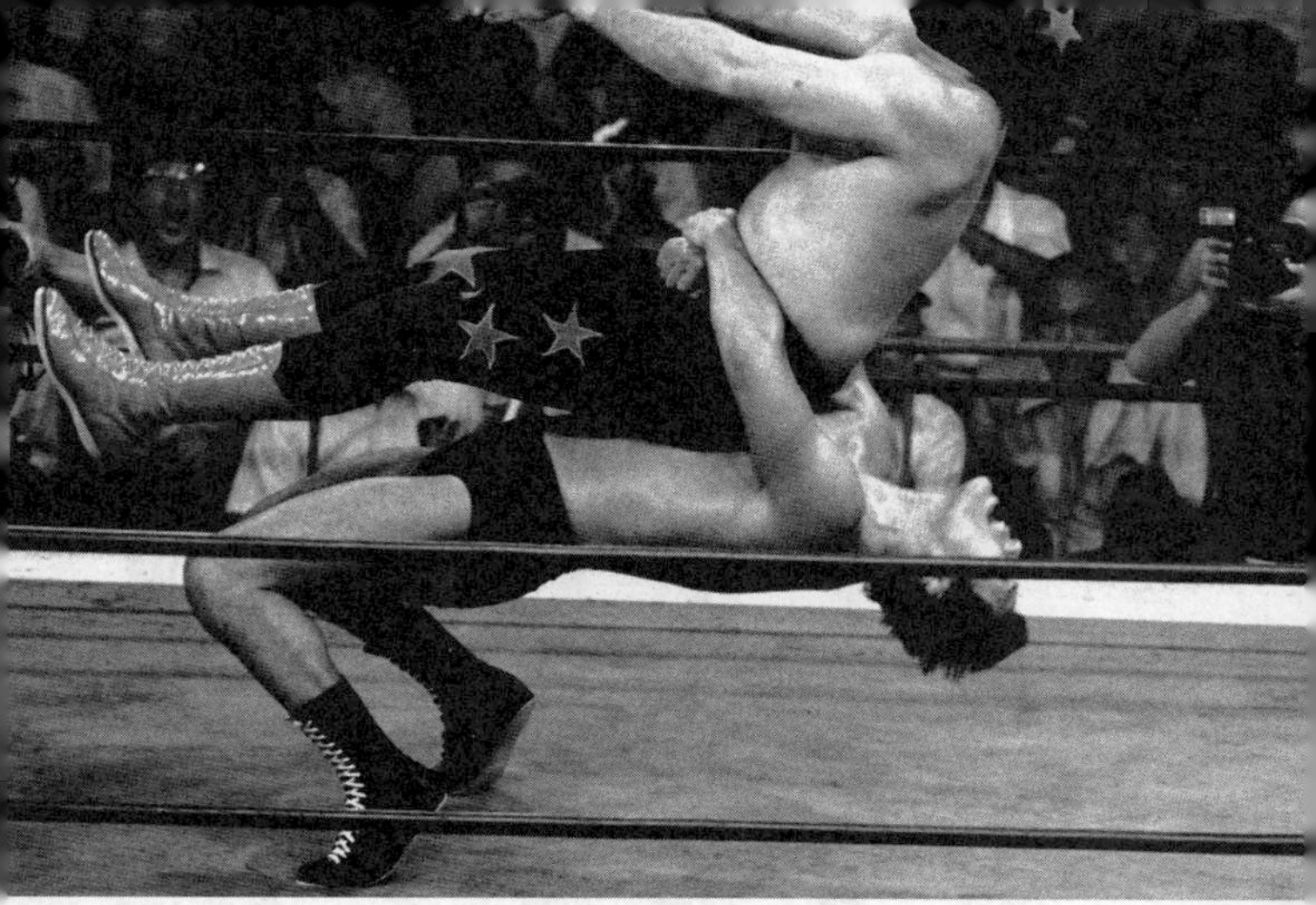

何でもあり、というかね、こういう混とんとした時代の中でね、非常識っていうか、枠をぶっこわしたものが、望まれているんです。哲学とは驚くことである、っていう言葉があるけど、とにかく驚きがなきゃ。ある意味ではスキャンダルだってそういうものなんですよ。

闘魂語録

026

時代の空気を感じる

先導動物っていうのがいるんです。アフリカの草原にね。群れをなしている中でも、必ず一頭だけが耳をそばだてて風をうかがっている。人間の社会もそうだと思う。

「猪木vs.アリ戦」がバーリトゥードの原点といわれるようになった当時、それは時代を先読みしていたのではないのか、と問われて。

──2001年5月

アリ戦は、先まで読んだわけじゃないんだけどね。そん時に感じて発想したものが10年、20年、早かったりするね。先導動物っていうのがいるんです。アフリカの草原にね。群れをなしている中でも、必ず一頭だけが耳をそばだてて風をうかがっている。でも他は、その状況がわからない。人間の社会もそうだと思う。予言者なんかもそうかもしれない。その人だけがわかっている。だからメッセージを送り続けるんだけど、まあ、現実には、事件が起きて初めてわかる。俺は予言者じゃないけど感じるものがあるよ。

闘魂語録

027

力の強い者に立ち向かっていくのも大衆の夢

波紋をいかに大きくするかが大事。

格闘技イベントの生中継を、なぜ大晦日のNHK紅白歌合戦にぶつけたのか。その意図を語って。　——2003年7月

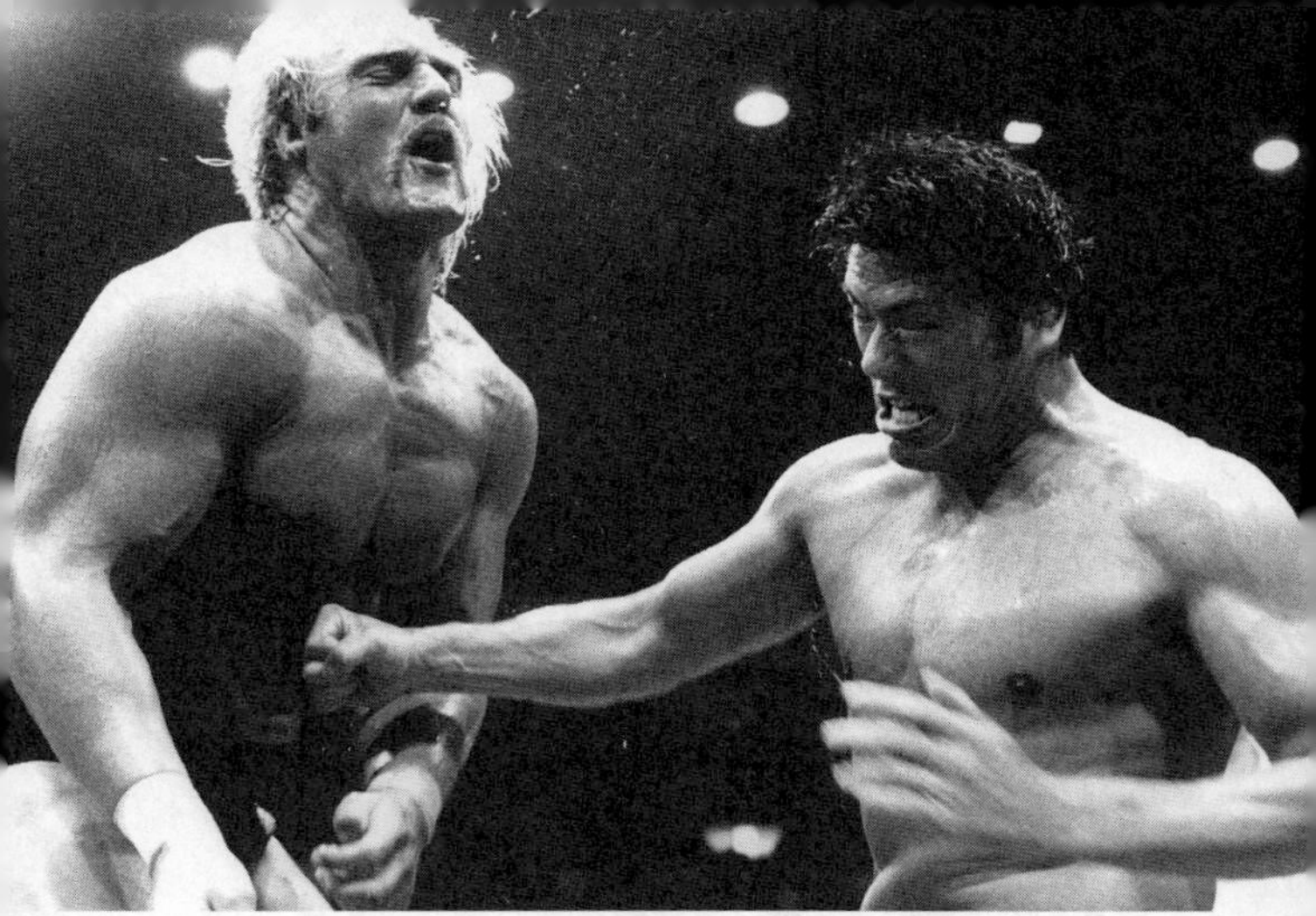

日本の社会構造というのは、長いものに巻かれろ。なぜ、そんなにNHKに気を使ってんの、と。プロレスというのは対立構造から始まるわけだから、それをより分かりやすく訴えるには紅白にぶつけるのが一番いい。我々はイベント屋だから、波紋をいかに大きくするかが大事。それはイコール視聴率。

闘魂語録

028

1ミリの非常識

常識なんてものはあいまいで、時にはウソが混じっていたりもする。だからそこをほんの1ミリ外して考えてみると、意外と真実が見えるものなんだ。

39歳で患った糖尿病との付き合い方について語って。当時、猪木は糖尿病患者とその予備軍へのアドバイスを綴った著書も発行した。
——2006年1月

カロリー計算で血糖値をコントロールしようとするのは、もう古いんだそうだ。それで、今は本にも書いた通り、ＧＩ値（食品の血糖値の上がる度合いを数値化したもの）を参考に、インスリンの補給を実践しているところです。

俺は今、毎日血糖値を考えて、血糖値と決闘状態だよ（笑）。あっ今日はうまくいってるじゃん、って結構楽しいけどね。だってしょうがないよ、なってしまった病気はね。

人間というのは極端に偏るものなんだ。糖尿病にはご飯はダメだ、とかね。ダメじゃないよ、量さえ加減すれば食べていいんだ。みんな、おいしいもの食べようよ。ＧＩ値で言えば肉だって食べていいんだから。

常識なんてものはあいまいで、時にはウソが混じっていたりもする。だからそこをほんの１ミリ外して考えてみると、意外と真実が見えるものなんだ。それを俺は「１ミリの非常識」と言っているんだけどね。糖尿病の場合も、今正しいと言われていることから少し外れて、自分の意識で考えてみると、違ったものが見えたりするからね。

「面白さ」と「夢」がある

闘魂語録

029

そもそも俺は
詐欺師が大好きなんだ。

ボクシングの亀田親子や朝青龍など当時、
世間からバッシングを受けていた人たちが、
好意をもって猪木に接近してくることを聞
かれて。　　　　　　　　——2008年3月

そもそも俺は詐欺師が大好きなんだ（笑）。もちろん、今言った連中がそうだってわけじゃないけどね。詐欺師ってめちゃくちゃ頭がいい。話もおもしろいし、夢を与えてくれる。それでダマされたヤツは怒るんだけど、いいじゃん、夢買ったんだから。すぐ金のことで文句言うけど、自分だってその夢に乗っかったんだからしょうがねえよ。詐欺師よりおもしろい詐欺師になればいい話じゃん。それで詐欺師を逆に脅かしてやるのって、めちゃくちゃおもしろい。

闘魂語録

030

アドリブ&ハプニング

オレは台本通りが嫌いだ。アドリブでいく方がハプニングがあって面白いし、自分も楽しめるしね。驚かせることがイベントには必要なんだ。

テレビ中継されるモハメド・アリ戦の調印式で、「試合の賞金、収入は、勝者がすべて獲得する。敗者はゼロ」と明記された同意書を突然、アリに突きつけたことを振り返って。
――2006年8月

The Foreign Correspondents Club

闘魂語録

031

「ルール」もアイデアの源

プロレスのルールは知恵比べのための道具なのだ。

総合格闘技とプロレスの違い、プロレスの面白さについて語って。　――2010年1月格闘技と言うと、すぐにアメリカで始まったアルティメットが引き合いに出される。金網の張り巡らされた八角形のリングの中で真剣勝負を行う競技である。真剣勝負だから、試合は常に凄惨で残酷なものになる。私に言わせれば、単なる残酷ショーに過ぎない。プロなら、格闘芸術を見せなければ失格だ。

プロレスの四角いリングにはロープが張られている。このロープをどう使うか、これには知恵がいる。

アルティメットは金網が張られているからそういう知恵の働きようがない。力が強いものだけが勝つのでは見ていて面白くない。

どうやって勝つか、知恵を絞るところに人間が闘う面白さがあるのではないか。その可能性が大きいほど、駆け引きが面白くなって来るのだ。

プロレスのルールは曖昧《あいまい》だとよく言われる。リングの外に出ても、反則をしても制限時間内なら許される、というようなルールは他の格闘技にはない。そこに知恵を働かせる余地が生まれる。つまり、プロレスのルールは知恵比べのための道具なのだ。

闘魂語録

032

離れると見えることがある

一つの業界に長く身を置いていると、本当に知らずに目に見えない殻に閉じこもってしまうんだという事は感じたね。

国会議員となり、プロレス業界から距離をおいたことによって見えたプロレス界、新日本プロレスの問題点について語って。

——1990年8月

それこそ忙しい政務に追われて、そう克明には見てこれなかったけど……ただ、一つの業界に長く身を置いていると、本当に知らずに目に見えない殻に閉じこもってしまうんだという事は感じたね。口ではよく〝体質改善〟なんて簡単に言うけど、その殻の中では現実の問題として何一つ体質改善なんか出来ない。今の新日プロを例にとってもテレビ局依存の体質は全く変わっていない。これは良し悪しの問題ではなく、テレビ局から来ている人は、どこまで行ってもテレビ局サイドからしか物事が見えない。

闘魂語録

033

新しい自分を発見する

何か創造的な行為をしようと思っている人間にとって大事なことは、心が開かれていること、オープン・マインドであること。

オープン・マインドにならなければ、新しい自分は見つからない。そして、新しい自分を発見しなければ、創造的な行為はできないと語って。　──1987年3月

プロレスはもちろんだが、何か創造的な行為をしようと思っている人間にとって大事なことは、心が開かれていること、オープン・マインドであることなのだ。たとえば、部屋の中にいて、その部屋の窓が厚いカーテンでおおわれていたとする。そのままの状態では、外が天気かどうか、今が朝か昼なのかもわからない。ところがカーテンを開けて強い光がさーっとさしこんでくると、部屋の外側の状況がいっぺんでわかるし、同時に自分自身の閉じていた心のエネルギーのようなものが、窓の外へ放射されてゆく。外部と内部のエネルギーの交換が、その瞬間に起こるんだね。それはちょっとした感動だよ。

人間の心というのは、この部屋と同じようなもので、窓を閉じている限り、自分の心の内部のことも外部のこともよく理解できないものだ。オープン・マインドでなければダメというのは、そういうことなんだよ。

闘魂語録

034

大衆をひきつけておくために

誇りを持ち続けるために、オレより強いと思うやつは誰でも勝負すると言ってきた。ミエを切ってるんだよ。本当は怖い。でも、だからこそ興味をかきたてるわけでしょう。

総合格闘技に押され人気が低迷するプロレス界の状況に対し、自身が持ち続けてきたプロレスへの気概を語って。

――2007年6月

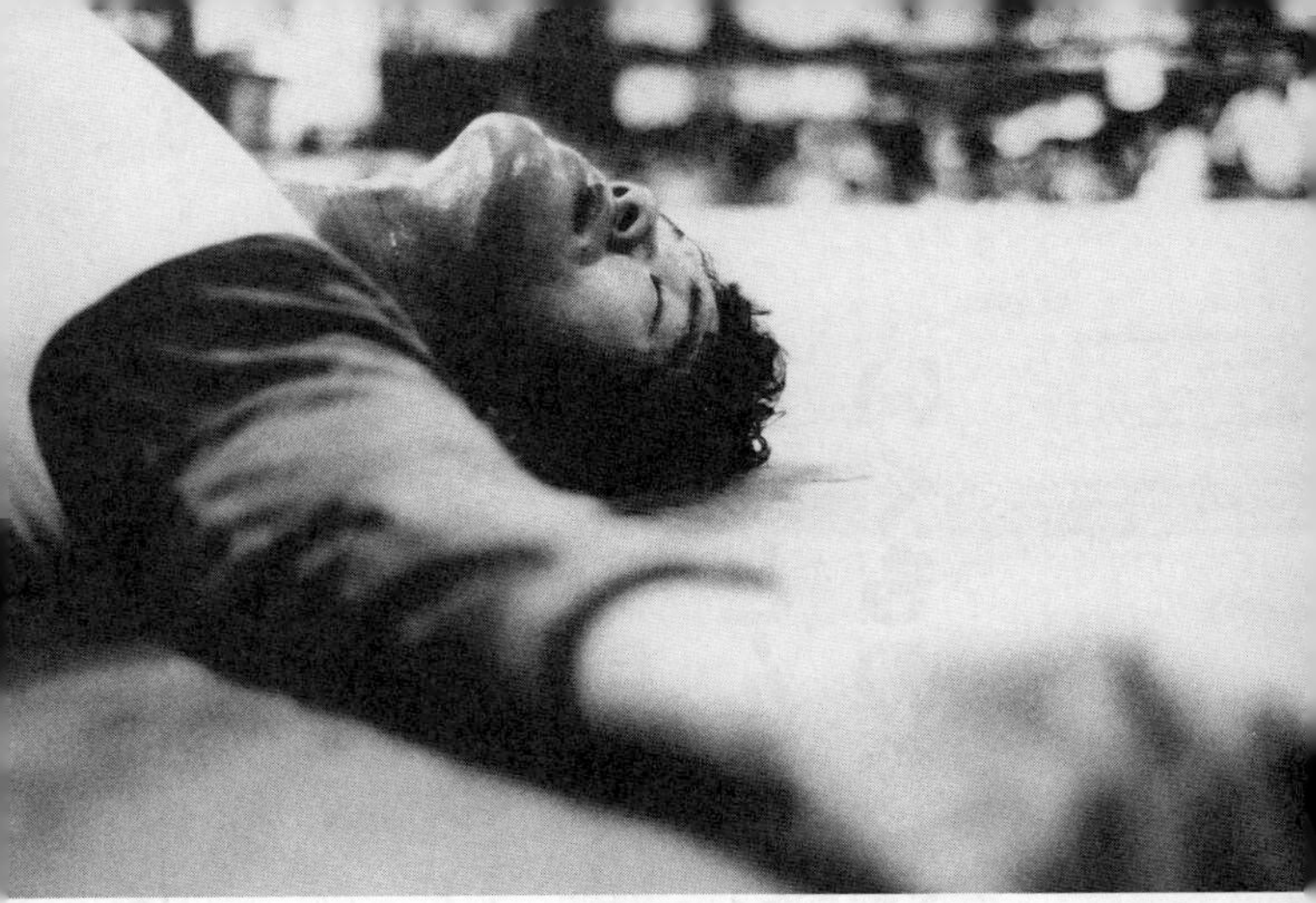

プロレスって野球やサッカーと違って、親会社があるわけじゃない。保証がないんです。いつも息を吹き込んで「ざまあみろコノヤロー」って大衆をひきつけておかないと。オレたちの時代、プロレスラーは蔑視《べっし》されてた。でもオレは誇りを持ってたし、誇りを持ち続けるために、オレより強いと思うやつは誰でも勝負すると言ってきた。ミエを切ってるんだよ。本当は怖い。でも、だからこそ興味をかきたてるわけでしょう。

闘魂語録

035

限界への挑戦がアイデアを生む

限界に挑戦しているとき、人間の感覚はどんどん研ぎすまされていくものなのです。

世界中の王座を統一するというIWGPの理想に向かって突き進んでいた時代の思い。

——1997年6月

ゆっくりと歩いているときに感じる感覚と、全力疾走しているときの感覚はまったく違うもの。

限界に挑戦しているとき、人間の感覚はどんどん研ぎすまされていくものなのです。

限界への挑戦は理屈ではないのです。

闘魂語録

036

知恵を絞り、工夫を重ね、戦略を練る

学校教育で読み書きなど最低の知識を得ることは当然だが、それ以上に創造性や生きていくための知恵を身につけることのほうが人間には重要だと思う。

当時のプロレス界にプロデューサー的な知恵を備えた人間がいないことを嘆き、興行師として何が必要かということについて語って。

——2007年6月

私は、プロレスというビジネスをメジャーにして成功させるために必死で闘ってきた。

プロレスラーは同時に、興行師でもあるというスタンスだったからだ。レスラーとしてリングの上で自分を演出するためには、プロデューサー的な才能も必要となる。

会場を満員にするにはどうしたらいいのか知恵を絞り、工夫を重ね、戦略を練らなければならない。私はそれを渾身でやってきた。七割や八割の入りで満足したことがなかった。

小さいホールからドームまで、常に超満員にすることを目指してやった。

いまのプロレスを見渡してみると、レスラーであると同時に興行を取り仕切る力があり、プロデューサー的な知恵を兼ね備えた人間がいない。

持って生まれた才能や素質も必要だが、本人の努力や勉強が一番大きい問題なのだ。

つまり、学校教育で読み書きなど最低の知識を得ることは当然だが、それ以上に創造性や生きていくための知恵を身につけることのほうが人間には重要だと思う。

闘魂語録

037

運気のつかみ方

運のいいヤツ、つまりラスベガスでギャンブルに勝つようなヤツというのは、勝ったら、あっさりその場を去っていく。その見切りが優れているのだ。

ラスベガスで学んだというギャンブルに勝つ人間の行動を人生に置き換えて。

——2019年8月

運のいいヤツ、つまりラスベガスでギャンブルに勝つようなヤツというのは、勝ったら、あっさりその場を去っていく。その見切りが優れているのだ。一方、負け続けるヤツは、いつまでも同じ場所に居座って勝負している。だが、同じ場所にいても、まず運は巡ってこない。言い過ぎだと思うかもしれないが、これは事実だ。

そこで大事になってくるのが、負けているときの行動である。ギャンブルなら運・不運の問題ですませられるが、人生や仕事は、そんなことを言っていられない。（略）

そんなときは発想の転換をするしかない。同じ場所にいてダメなら、場所を変え、新しい空気を吸ってみることだ。同じ場所にずっといたら、空気はよどみ、何もかもが停滞し、やがて運からも見放される。だから、ラスベガスで勝つヤツが、いつまでも同じ場所に留まらないのは道理にかなっているのだ。

人生において「場所を変える」ことは何も転職や引っ越しを意味しない。ちょっとした気分転換でいい。旅に出て新しい空気を吸うだけでも、ずいぶん運気の流れは変わる。運気が変われば、それまで気づかなかった自分の新たな可能性を発見することもある。

第三章　行動

一歩を
踏み出さなければ
何も始まらない

闘魂語録

038

動ける人間は少数派

「失敗を恐れるな」なんていう本は山ほど出ているけど、実際に一歩を踏み出せるヤツはそうはいません。でも成功するのは、その一歩を踏み出せたヤツなんですよ。

闘う姿勢が若手ビジネスマンには足りないという声もあるが、と問われて。
――2002年4月

若い人が元気じゃない最大の理由は、上の世代が守りに入っているからですよ。政治の世界をみれば、それは明らかです。長老たちは自己保身に必死で、後進を育てようという気がまるでない。

でも、上がダメだからと嘆いてみても、何も始まりません。若い人はとにかく一歩踏み出す勇気をもつことが大切です。カーテンの外が雨か晴れかを知りたければ、カーテンを開けてみるしかないでしょう。「失敗を恐れるな」なんていう本は山ほど出ているけど、実際に一歩を踏み出せるヤツはそうはいません。でも成功するのは、その一歩を踏み出せたヤツなんですよ。

闘魂語録

039

「心の振り子」理論

戻ってくる振り子を、もう一度振り切る力というかね。それが大切なんです。

なぜ一歩を踏み出すことができないのか。
猪木流の「振り子の論理」にその答えはある。
雑誌のインタビューで。　——2010年4月

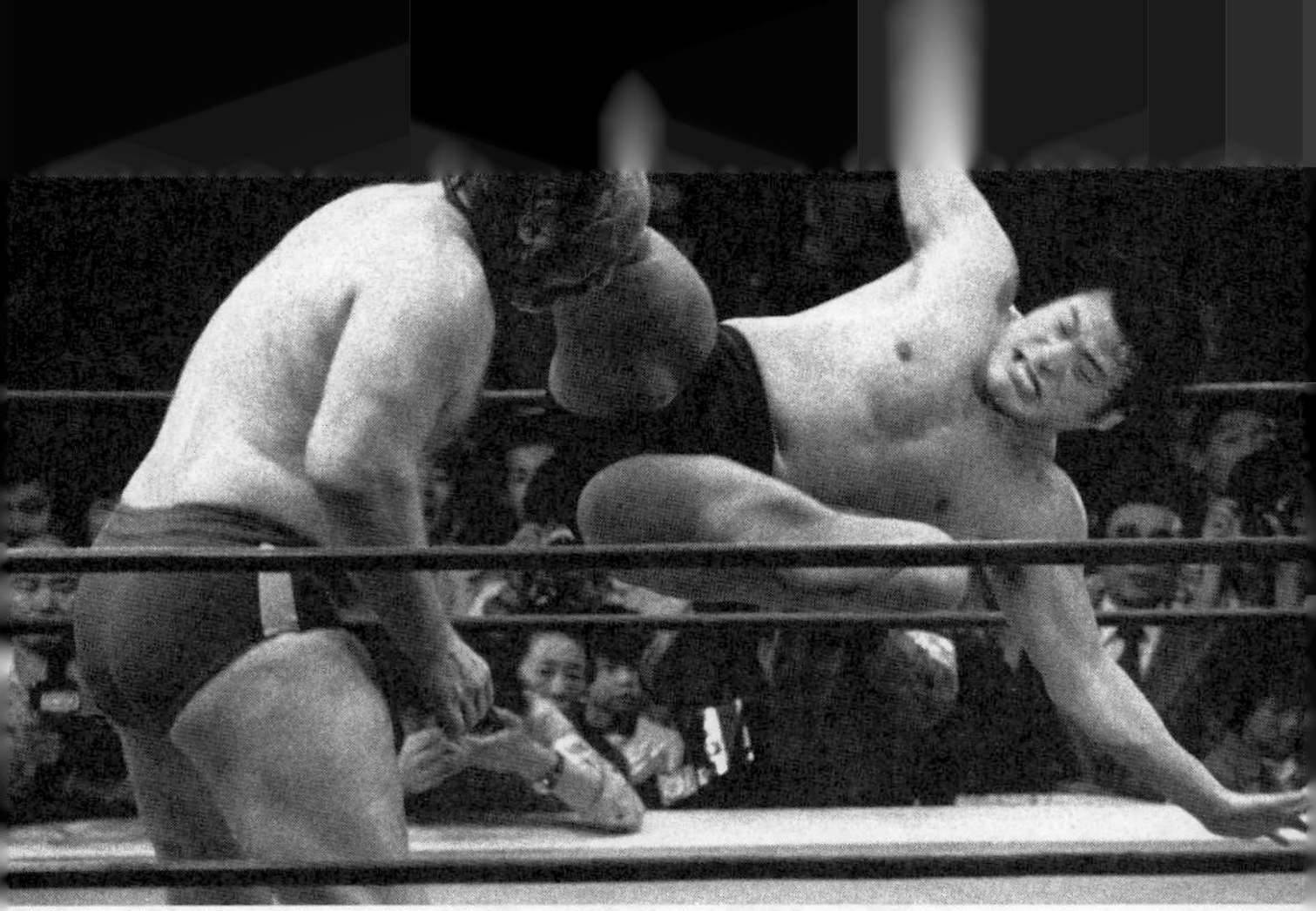

何かを「やりたいッ！」って思ったときに、心の振り子が振れるんだ。だけどすぐに、その振り子が振り戻ってくる。「やっぱりリスクが大きいかな」とか「人になんて言われるかな」とか。その戻ってくる振り子を、もう一度振り切る力というかね。それが大切なんです。振り子は戻ってくる力の方が大きいもんだからね。

闘魂語録

040

「やること」に意義がある

いいじゃない。ルールなんか呑んじまえば。実際にやることの方に意義があるんだからさ。

異種格闘技戦のときにルール問題で悩まされた経験があると問われ、「俺にはあんまりそういう意識はなかった」と答えて。当時は考えられない試合方法だった。

――2000年5月

ところが今はそれが当たり前とされて、異種格闘技的なルールが存在するけどね。当時は、なぜウイリアム・ルスカという柔道家と闘うのか。なぜモハメッド・アリというボクサーと闘うのか。いつも「それは不可能だ」という声がついて回ってきてね。結局はどちらかがそれを呑まないかぎり闘いが成立しない。だから、闘いを成立させるためにこちらがそれを呑んだ、というね。今、そうやってルールがどうだとか言ってたってさ、いいじゃない。ルールなんか呑んじまえば。実際にやることの方に意義があるんだからさ。

闘魂語録

041

走りながら考える

全て準備ができてから船を出すのではなく、一番いい時に出航させて船を完成させるのはそれからでもいい。

猪木家のブラジル移住を振り返って。準備が万全ではないところからでもスタートするのは猪木家の血筋だろうと語った。

——1998年11月

準備が万全ではないところからでもスタートするのは猪木家の血筋なのだろう。力道山先生とブラジルを離れてプロレスに入門した時、豊登さんの一言で日本プロレスから東京プロレスに移籍した時、日本プロレスから除名という処分を受けてすぐに新日本プロレスを立ち上げた時。わたしがこれまで歩んできた道を振り返ってみても、世間から見れば無謀とも思える〝冒険〟をしてきた。

全て準備ができてから船を出すのではなく、一番いい時に出航させて船を完成させるのはそれからでもいいという、少しムチャな考え方をする血がわたしの体の中には流れているのである。

闘魂語録

042

大切なのは昨日ではなく「今日」

過去をどこかで消しておかないと、今日の出発はできない。

数々のスキャンダルに見舞われ、借金などであらゆるところに頭を下げ続けてきたという1980年代を振り返って。

――2007年6月

リングに上がる直前まで、借金返済の手続きをした日もあった。

それでも一度リングに向かうと、私は一切を忘れ、闘いに没頭した。

張り裂けんばかりの猪木コールが、私を迎えてくれていた。

だからこそ、私は過去を意識的に自分の中から消してしまうことができた。

私はいいのか悪いのか、過去を容易に消すことのできる性質を持っている。

ファンの歓声の中を一歩、一歩前進し、その日のリングに上がるには強烈な覚悟が必要だ。それまでに挑んできた闘いが熾烈なものであればあるほど、昨日までのことを振り向いていたら闘えないのだ。

過去をどこかで消しておかないと、今日の出発はできない。数え切れないほどリングに上がってきて、自然にそういうものが身にしみついてきたと思う。

今日があるのは、挫折してしまうような壮絶な体験のお陰だととらえていく。

大切なのは、昨日じゃなくて今日、いまなんだ。

闘魂語録

043

萎縮する日本人へ

「一寸先は闇」じゃなくて「一寸先はハプニング」。常に一寸先に何かが起きるんじゃないのかっていう期待感を持ちながら生きているよ。

社会全体が次の一歩を踏み出す勇気がなくなっていると指摘し、どんな心構えでいればいいのかと説いて。　——2010年4月

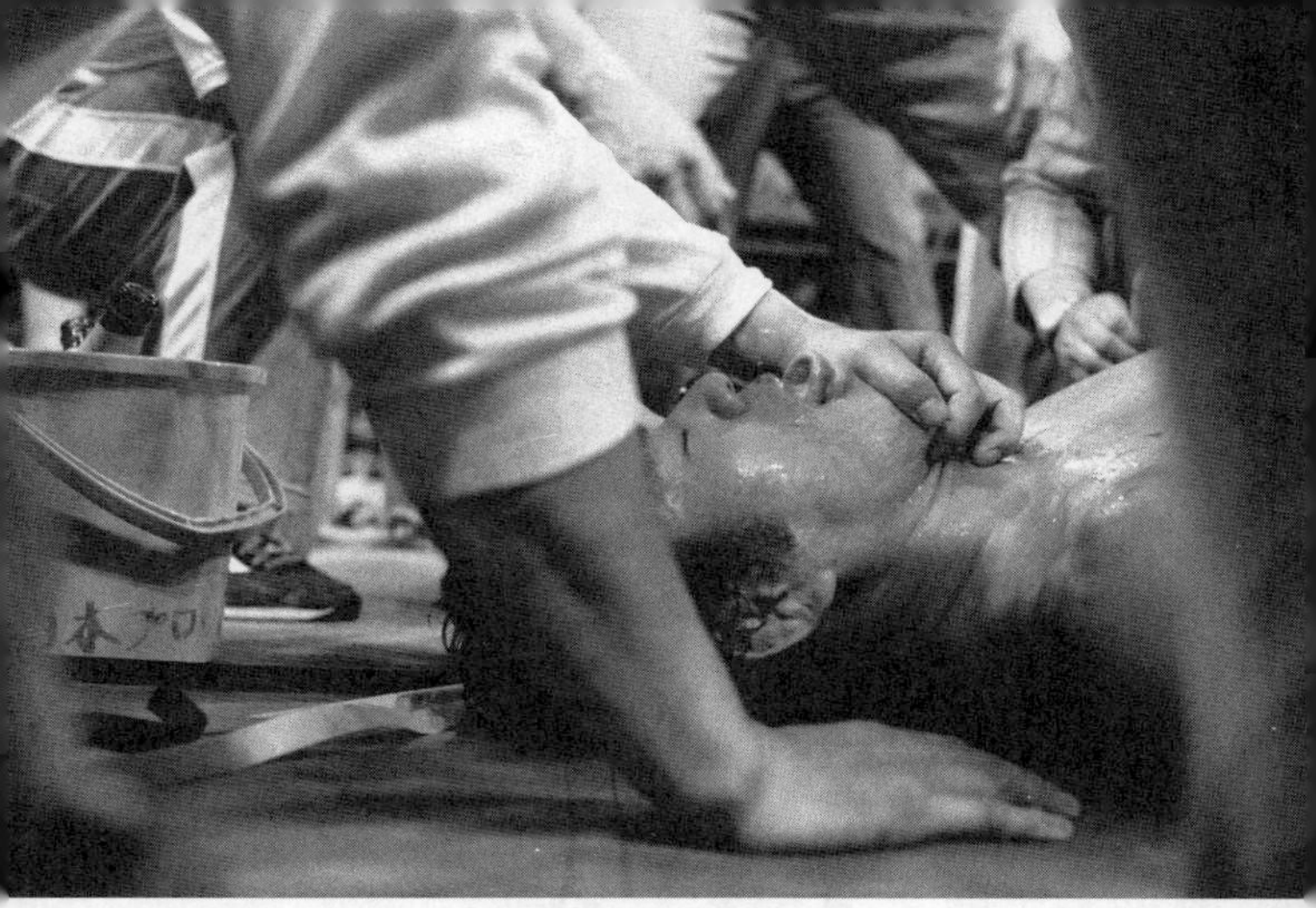

今世の中も萎縮しちゃってね。みんなまだ来てもいない明日に不安を抱いて、肝心の今日この瞬間をおろそかにしちゃってる。俺はよく「一寸先は闇」じゃなくて「一寸先はハプニング」って言ってるんだけど、常に一寸先に何かが起きるんじゃないのかっていう期待感を持ちながら生きているよ。

闘魂語録

044

プロセスを楽しむ

宝が出なくたって
いいじゃない。
出たら終わりだから。

新聞のインタビューでまだ夢があるかと問われて。 ——2007年6月

（夢は）あります！　宝探し。キューバに、カストロさんが「友人猪木の島」って名づけてくれた島があるんですよ。周囲にインカの財宝を積んだ船が75隻沈んでるらしい。

この話をするとみんな目を輝かせるわけ。いま若い人が夢をなくしてるけど、単純に分かるんじゃないかな。「難しいこと抜きにして、いっしょにお前、行こうよ」って。金はかかるよ。でもインターネットで「1千ドルずつ出し合って宝探しに行こう」って募集したら千人くらいすぐ集まるんじゃないですか。結果、宝が出なくたっていいじゃない。出たら終わりだから。

感性と行動はワンセット

闘魂語録

045

感じただけでアクションを起こさなければ無意味。

IWGPという理想に向かって突き進んだ時代の思い。 ――1997年6月

本来ベルトには何の価値もない。

その考えはいまでも変わっていません。

最初からあらかじめ誰かが決めつけた物事の価値というものを、単純に信じることはできないのです。

本当に素晴らしいものは素晴らしいと認めますが、誰かが素晴らしいと言ったとしても、自分が価値を感じられないものもこの世の中にはたくさん存在するからです。

むしろそういうものの方が多いかもしれません。

そんな状況の中、物事の本当の価値を見極めるために必要なこと。

それは自分の感性を信じるということです。

そこからしか新しい何かは生まれないと私は信じています。

ただし、自分の感性を信じているだけでも何かは生まれません。

行動する。

感じただけでアクションを起こさなければ無意味。少なくとも前進することはあり得ないのです。

闘魂語録

046

猪木イズム

自分は数々のスキャンダルを結果として利用できた。そのときは必死だった。余裕もなかった。でも、己に打ち勝ち、1歩踏み出す勇気があった。それが闘魂。猪木イズム。

モハメド・アリ戦で膨大な借金を背負うことになったが、それが過酷な戦いに駆り立て、新たな伝説を次々と生んだのではないか、と問われて。　——2006年10月

闘魂語録

047

「オフクロの味」だけしか美味いものを知らないのでは、他人を理解したり、夢を広げることが難しい。

雑誌のインタビューで若いときこそ「冒険心」を持ってほしいと語って。夢を持つ前に冒険心があれば、その夢が大きく広がっていくと説いた。　――2003年10月

人生はひとり一人が自分を演出するイベンター。他人のやらないことを面白がれるかどうか。オレはシャイな性格で、本当はパフォーマンスなんてしたくない。でも、自分の中にあるキャラクターの振り子を、あえて逆側に振ってみる。てらいがある人は多いけど、馬鹿になる自分も含めて面白がればいい。リングの上だけでなく、すべてが異種格闘技戦。自分のキャパからはみ出した違うモノとかみ合うことで、もっと大きな夢の形に拡大できるんだよ。

だから、オレは若い人に「旅をしろ」とよく言うんですね。「オフクロの味」だけしか美味いものを知らないのでは、他人を理解したり、夢を広げることが難しい。ここで言ってる「オフクロの味」とは自分の生まれた半径50キロでとれる食材のこと。でも、そこから飛び出したモノを食べるのは、ある意味で冒険であり、チャレンジなんです。

日本人の悪しき国民性

闘魂語録

048

今怒らないヤツは後になって文句言う資格はない。

不甲斐ない政権、政治家に対して、そして
怒りの声を上げない日本国民に対して。
――1992年1月

自衛隊を多国籍軍の中に入れて中東に派遣すべきか否か——。連日のように、この問題をめぐって国会では自民党と野党の間で激しい論戦が行われている。国民不在の全く〝議論のための議論〞が繰り広げられているというわけだ。

私は、こうした国家百年の大計にあたるような問題は、ゆっくりと時間をかけて議論すべきだと思う。世界に冠たる日本の平和憲法が、こんなことでグラついていいのか。何よりも民意の全く反映されていない議論の応酬に、危険な匂いを感じ取っている。

「さあ、国民の皆さん、どんどん意見を言って下さいよ」——。なぜこう言い切れる政治家が一人もいないのだろう。何かあれば与党も野党も「国連」の二文字を出せば国民は納得すると思っているようだが、本当に国連はそんなに完璧なものなのか。

国民も国民だ。なぜ怒ろうとしないのか! 今怒らないヤツは後になって文句言う資格はない。

闘魂語録

049

誰も先のことはわからない

一休和尚の言葉に「行けばわかる」というのがあるけど、それこそが人生そのものなんじゃないか。

引退後の雑誌インタビューで、引退時に披露した詩を引き合いに出して、そう行動することが人生のすべてだと説いた。

――1998年7月

なにもやらないヤツだよな、「ああでもない、こうでもない」って文句をいうのは。なんかやろうとしたら、障害があったりして、痛い目にあったりするわけだけど、そこで痛い目にあわないヤツは、一生そこから先に行けないということだろう。

一休和尚の言葉に「行けばわかる」というのがあるけど、それこそが人生そのものなんじゃないか。人生なんて、誰も先のことなんかわからないんだから。だからこそ、みんな未来に対して夢をもてるんで、「こんなことしたら危ない、あんなとこへ行ったら危ない」って自分でバリアばっかりをつくってたら、どうなるの? 楽しいか?

闘魂語録

050

前田日明〝襲撃事件〟を例に

すべて「起きたことはいいことだ」っていうふうに俺は思うようになっちゃったんですね。

1999年11月14日、東京ベイNKホール「UFC JAPAN」大会で起きた安生洋二による前田日明“襲撃事件”について作家・百瀬博教氏に聞かれて。——2000年2月

すべて「起きたことはいいことだ」っていうふうに俺は思うようになっちゃったんですね。だから、俺も暴漢に首を斬られたこともあったり、いろんなことが毎日毎日起きるんだけど、前田の事件のことも全部いいことだというふうに思えるんですね。というのは前田もやっぱり今回の事件においては、前田自身で起こしたものがあると思うんです。その中で彼自身が変革するキッカケにしないと。言いたいことを言ってね、もうそろそろそこいらのあんちゃんみたいなことから早く脱皮しないとね。そういうことに巻き込まれたということは不幸なんですけど、でもそれは逆に言えば前田自身が、今あんちゃんから大人になっていくんだというキッカケにすればいいんですね。

闘魂語録

051

本当の「夢」

夢というのは純粋性がなくちゃダメですよ。

夢を持つ重要性、そして持つ夢は世の中に必要とされることが最重要だと語って。
——1988年2月

大事なことは、自分の夢をどこまで持ち続けられるかということですよ。俺の場合でいうと、14歳から17歳まで3年間住んだブラジルと日本のかけ橋をつくろうとして、まず世界チャンピオンになってね。その次は事業でかけ橋をつくって、いまでは地球規模で考えてますしね。

夢というのは純粋性がなくちゃダメですよ。お金を儲けて女を何人も持ちたいとか、そういう不純なものは夢とは呼べない。自分が追い続けているのが、世の中に必要とされる——それが最重要だと思う。そういう夢なら、ピンチに追い込まれて自信を失っても、必ず自分を支えてくれますよ。

闘魂語録

052

長所を伸ばす

プラス思考の行動の過程で、本当の自分の個性に出会うことができる。

我を忘れて、没入できるものと出会うこと
がいかに幸せかを語って。

——1987年3月

自分が打ち込めるものを見つけようと思ったら、マイナス思考じゃだめだ。レスラーの新弟子でもそれぞれ個性がある。引っ張る力は強いが、引く力は弱かったり、その逆もいる。弱いところを補ってどの力も平均点に達するのも大事だけど、自分の良いところを思いきり伸ばすようにする。そういうプラス思考の行動の過程で、本当の自分の個性に出会うことができるものなのだ。

闘魂語録

053

他人の評価など気にしない

いくら悪いこと書かれても、俺の人生が変わるわけじゃねェんだからって。

経営者としての手腕を批判する記事が週刊誌に掲載されたことに関して。

——1988年2月

事業についてもね、借金のことなんかを書きたてられるなんて、一番いやなことですよ。それをひっきりなしにやられるもんだから、2、3年前は週刊誌に腹立ってね。でも、つぶれる、つぶれるっていわれても、現にこの通り、俺は頑張ってるわけだから。

もう、いいたいやつは好きなようにいえ、と。本質を知らずして書くバカどもというか、浅はかさというか、そんなことに腹を立てること自体、恥ずかしいと思うようになってね。いくら悪いこと書かれても、俺の人生が変わるわけじゃねェんだからって。

第四章 人間

修羅場を乗り越え
辿りついた
猪木流人間学

闘魂語録

054

〝巌流島〟の真相

人間の本性というのは、極限というか、極致まで追いつめないとわかんないもんだから。

1987年10月4日に行われた“巌流島決戦”について。この決戦の2日前に役所に正式に離婚届を出していたことを明かし、「一度ぐらい、見せる要素をまったく無視した自分の闘いをやってみたかった」と心境を語った。

——1988年2月

そういう意味でも、巌流島というのは、私にとって自分自身を追い求めていく、ひとつの賭けだったんですね。「嘘つけ、そんなプロレスで……」っていうやつは、勝手に思えばいいよ。あんときは、ホント、命を捨ててもいいつもりでいた。あんなとこで死ねたら最高だなと心の底から思えたんです。

まわりの雑音を全部のぞいて、バカといわれようが、気違いといわれようが、自分に徹しきって、本当の自分になりきってみたかったんだよ。人間の本性というのは、極限というか、極致まで追いつめないとわかんないもんだから。

なかには観客のいない試合なんてナンセンスというふうにいった人もいるだろうし、それはその人の考えで大いに結構。でも、こういう闘いに意味があるかないかは人様が決めることじゃなく、俺自身で決めることなんでね。

闘魂語録

055

「不安」との闘い方

とにかくみんな真面目すぎる。そのせいで永田も石澤（常光＝ケンドー・カシン）も、実力があるのに華がない。

「猪木軍vs.K-1」の第2ラウンドが行われる「INOKI BOM-BA-YE 2001」を前に、“実力者”たちのメンタル面の問題について語って。

——2002年1月

勝負だから、負けていいとは言わないけど、オリンピックみたいに勝利を義務のように押しつけたって、選手にとってはプレッシャーになるだけだし、ストレスでエネルギーが低下しちゃうでしょ。何かをやろうとすれば不安になるのは当たり前。その不安をできるだけ取り除いて、力を出しやすい状況に持っていくのが、上の人間のやるべきことでね。俺の場合、そういうことを全部自分自身で処理してきたんで、最近まで気づかなかったんだけど、今の選手たちには、そういうメンタル面をカウンセリングする人間も必要かなと。とにかくみんな真面目すぎる。そのせいで永田も石澤（常光＝ケンドー・カシン）も、実力があるのに華がない。もっとエネルギーを出さないと。観客は何よりもそのエネルギーを見たがってるんだから。

闘魂語録

056

バカになるとはさらけ出すこと

さらけ出すからこそ見えてくるものがあるんですね。

「バカになれ」を実行することの難しさと大切さを説いて。 ——2018年10月

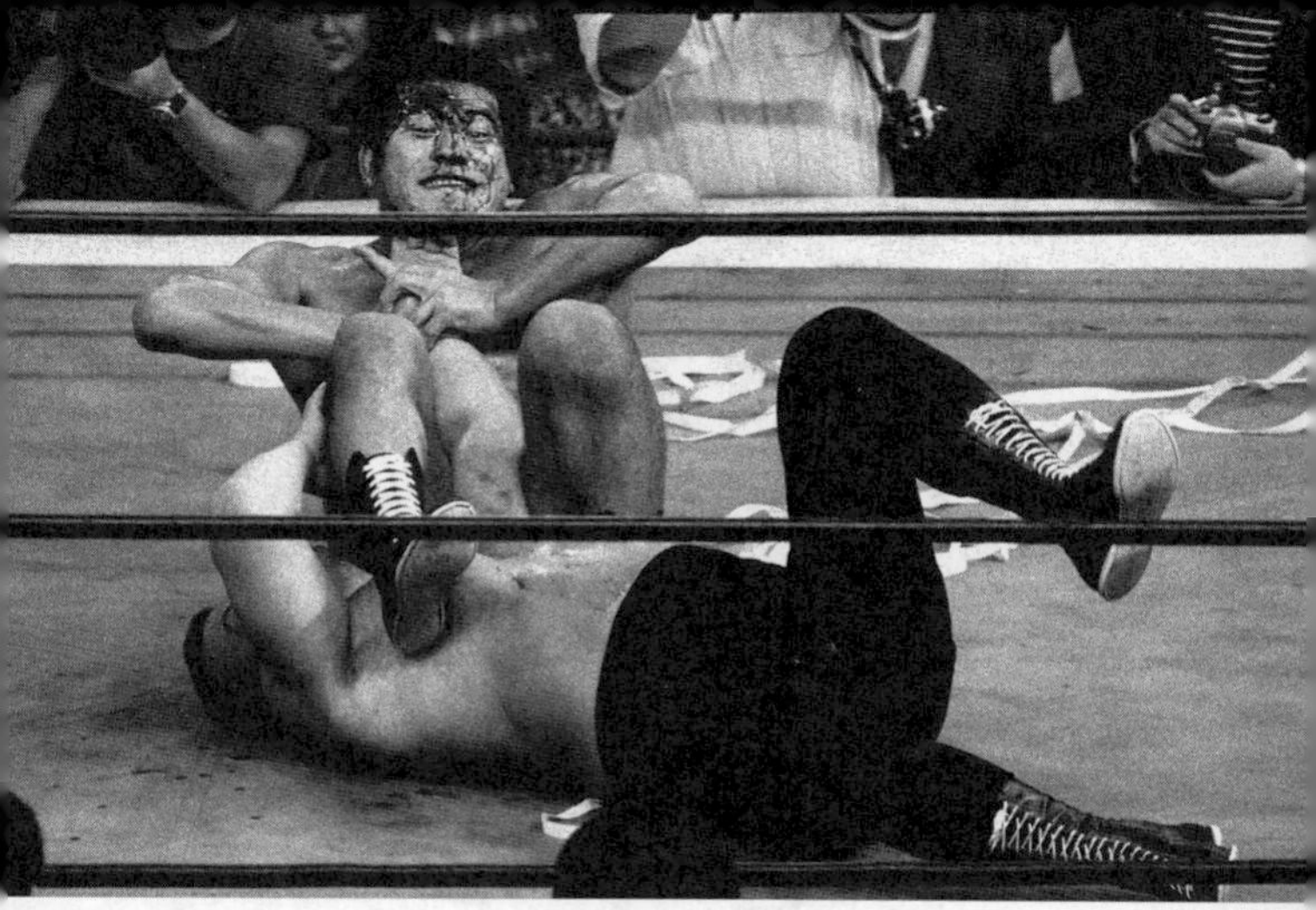

「バカになれ」って、なかなか難しいですよね。今は時代が裕福過ぎて、自分の目の前で起きていること、それに自分の身に降りかかっていることすら、すべて他人事《ひとごと》みたいに捉える風潮がある。そうじゃなくて、起こったことに対して自分が思っていることを全部さらけ出すんですよ。バカになるってさらけ出すことなんです。それは、他人からすれば理解できないことかもしれない。だけど、さらけ出すからこそ見えてくるものがあるんですね。

闘魂語録

057

前提は「向上心」

時代が変わっても勉強しないやつは駄目だよ。小利口にまとまるやつも今ひとつ大きくなれない。

当時の新日本プロレスは改革途上にあり、
「良いプロデューサー」が求められている、
と語って。　　　　　　——2006年3月

プロデューサーは選手兼務でできるかといえば、ちょっと違うと思うよ。選手の立場、視野で見ると、選手を育てることはできない。どうしても自己中心になる。だから、幹部レスラーに二束のわらじは駄目だと忠告するけれど、やめろとは言えない。自分で判断しなくちゃいけないことだからね。ほとんどの選手がそこを間違えてしまうようだ。

俺たちの頃は、良くも悪くも、創成期だった。力道山のもとですべて経験、勉強した。自然とノウハウを身につけた。時代が変わっても勉強しないやつは駄目だよ。小利口にまとまるやつも今ひとつ大きくなれない。いくら言っても、向上心のないやつには伝わらないし、わからないのが現実だけど。

闘魂語録

058

毒を食らわば皿まで

たとえ嫌いな相手でも
一度その人間を
飲み込んでしまう度量が
必要だと思う。

人生の開拓者になるために必要な、人間の度量、勇気についての考え。

——2008年10月

毒に対して、それを一旦は飲み込む勇気があることが、人生の肯定論者、すなわち未来への開拓者になれる条件だろうと思う。

毒を飲めといわれて「わかりました」と飲んでみせるぐらいの勢い。人間関係において、たとえ嫌いな相手でも一度その人間を飲み込んでしまう度量が必要だと思う。どうしても受け入れられない、体が受けつけないものならば吐き出してしまえばいいのだ。

プロレスでいえば、たとえば大仁田厚のような男はある意味劇薬であり、毒薬でもあった。一九九八年、新日本プロレスは大仁田を東京ドームに参戦させることを決めて、大きな話題となった。

大仁田は業界から一度は捨てられた男である。地に這いつくばって、自分なりの個性と生き残る知恵を絞り出してやってきた。それが大仁田の毒だとすれば、果たして新日本はそれを制するだけのものがあるのか？ 毒を制することができなければ、一時は客が増えたとしても、結果として受けるダメージは計り知れない。

闘魂語録

059

「確信」を得る瞬間

苦境に追いつめられたときのほうが自分のことがよくわかるし、本当にやりたいことなのかどうかが問われるんだよ。

引退後のインタビューで、借金問題でマスコミにバッシングされた事業、「アントン・ハイセル」を例に出し、苦境に追いつめられたときのほうが、自分のことも、本当に自分のやりたいこともわかると答えて。

——1998年7月

苦境に追いつめられたときのほうが自分のことがよくわかるし、本当にやりたいことなのかどうかが問われるんだよ。

ブラジルではじめたアントン・ハイセルなんか、まさにそう。まだ、バイオも、リサイクルという言葉も一般化していなかった20数年前に―ブラジルのジャングルを再生させるために、サトウキビの搾《しぼ》りかすから堆肥《たいひ》をつくろうとして莫大な借金を背負ってしまったわけだ。ほとんどの人は、ただジャングルに植林すれば木が育つと思っているけど、焼き畑にされ、ジャングルそのもののサイクルが崩れちゃったわけだから……。苗にも3年間は育つだけの肥料をちゃんと与えなきゃいけないんですね。

そんなことを、まだ誰も知らない時代でしたから、誤解を生み、マスコミからも、ただ「借金、借金」とずいぶん叩かれましたけどね。もし、いい加減な気持ちではじめていたら、とっくの昔にやめていたと思う。なにもマスコミに叩かれてまでやることはないと。でも、ジャングルの再生には絶対必要なんだという確信があったからこそ、叩かれて余計、強くなったんですよ。

闘魂語録

060

プロレスとはセックスである

頭だけで感じたことは
すぐに忘れたりするけど、
体に残った感覚って
なかなか消えないでしょう。

新日本プロレスが黄金期を築くきっかけとなったタイガー・ジェット・シンとの試合をセックスにたとえて。　——1998年4月

プロレスって、やる側にとって何にたとえれば一番わかりやすいかっていうと、セックスなんです。セックスっていうと下劣に捉える人もいるけど、人間にとって根源的な行為でしょ。もっとも人と人とが互いに感じ合える行為だし、なによりやってみて初めてわかる快感だよね。独《ひと》りよがりにやるよりも、相手のことを考えながらのアクションのほうが結果的に自分ももっと快感が得られるし。それに頭だけで感じたことはすぐに忘れたりするけど、体に残った感覚ってなかなか消えないでしょう。

傲慢にならないために

闘魂語録

061

「誰かがいつでも自分を見ている」という感覚は大事だと思います。

順天堂大学医学部教授・天野篤氏との対談で、夢のひとつとして「社会をいい方向に動かしたい」という思いを挙げ、パフォーマンスでない、人の気持ちを考えた行動をとることを意識していると語って。

——2014年3月

人間ですからときには傲慢になってしまうようなときもありますよ。そういうときに思い浮かぶのが、力道山という怖い親父の顔です。宗教の神様も同じだと思いますが、「誰かがいつでも自分を見ている」という感覚は大事だと思います。

闘魂語録

062

「力道山の物語」は闘争

闘うものをなくしたとき、人は現状に満足してしまい、歩みを止めてしまうのだろう。

常に何かと闘い続けていた力道山の生き様について。　——2009年5月馬場さんは、力道山亡き後、彼のことを「力さん」と呼んでいた。私は、個人的には「親父」と呼び、対外的には「師匠」と呼んだ。

また、馬場さんは力道山に殴られたことがないことを自慢していたが、私はもう嫌になるほど、散々殴られ続けた。馬場さんとは年齢も違ったし、キャラクターも違ったので、力道山にとっても怒りやすいタイプと怒りにくいタイプがいたのだろう。でも私は、力道山に怒られて、殴られて良かったと思っている。

力道山は口が悪く、私は「アゴ」と呼ばれることもあれば、「移民のガキ」とののしられたこともあった。それでも私は、彼を尊敬していた。

力道山は多くのものと闘っていた。人間には、常に何らかの闘う相手が必要である。闘うものをなくしたとき、人は現状に満足してしまい、歩みを止めてしまうのだろう。

そして、私にとっての力道山がそうであるように、自分を叱ってくれる存在、自分にとって心から恐ろしいと思える人物がいるということはとても幸せなことなのだと思う。

闘魂語録

063

佐山聡と「こだわり」について

頑固な人間っていうのは、いかにも強そうに見えるけど、実は非常に弱い部分なんですね。

自身の右腕として小川直也の指導にあたっていた佐山聡を「天才的な選手」と評したうえで、選手としてさらに飛躍するためのアドバイスを語って。当時、佐山は“プロレスラー”としてリングに復活していた。

——1997年6月

頑固な人間っていうのは、いかにも強そうに見えるけど、実は非常に弱い部分なんですね。オレなんかは無節操というか、こだわりが少ないほうなんです。こだわりをもってたとしても、それを捨てちゃうという経験を何回かさせてもらったからね。佐山も、もう一つ違った自分をアピールしていくんであれば、そうしたこだわりから脱皮しないと光が出てこないよね。

闘魂語録

064

3億円詐取事件の反省

結局、自分に欲があったから騙されたんだという結論に達した。性欲、食欲、金欲にまみれているときに自分が見えていない。だから騙される。

30歳前後のときスポーツセンターをつくる計画を立てたが、ある人物に3億円を詐取されたことを明かして。

——1990年10月

結局、自分に欲があったから騙されたんだという結論に達した。性欲、食欲、金欲にまみれているときに自分が見えていない。だから騙される。自分を冷静に見つめれば、こんなことにはならないんです。

男と女でも同じだね。俺はこんなにあの女を愛したのに、裏切られたと言うでしょう。その逆もある。でも、これは自分の欲望が強すぎたために、相手の本当の姿が見えなくなることなんだ。まさに恋は盲目です。それを裏切られたと思うことで、自分を安心させる。

闘魂語録

065

誰にでも天命はある

人間それぞれが持って生まれた使命みたいなものがあると思うんだよ。

高田延彦との対談で、自身がかつて語った「人生ってのは、自らきっかけをつくってでも変えていかなければならない」という発言に言及して。当時の高田はヒクソン・グレイシーとの再戦直前だった。

——1998年10月

人間それぞれが持って生まれた使命みたいなものがあると思うんだよ。だから、いくら自分がそう思っても、使命でないものは与えてくれないし。確かに「求める」というのは欲望だから構わないよ。ただ、その欲望が、もっと純粋性の高いもの、であれば、それを自らそんなに努力しなくても、そうなっていくんじゃないかと思うんだよ。「天」という言葉を使わせてもらえば、天から与えられた使命というのかな。そういったものをやらざるを得ないというか。そういったような気がするんだよね。

闘魂語録

066

人生は自分との闘い

人間とは、人生全般において、その一瞬一瞬に緊張《テンション》を高め、新しい自己認識を手に入れることで向上していくものではないだろうか。

プロレスと人生の共通性を語って。
――1987年3月

昨日までの自分が知らなかった、恐怖心や臆病さ、そしてそれらを乗り越えてゆく勇気や力——そういうものを戦いを通じて自分の中に発見し、その感動を観客に伝えてゆく。プロレスとは、そういうものじゃないだろうか。

絵画の世界も、似たようなものらしい。画家自身が感動しながら描いた絵だからこそ、人を感動させることができるのだ、という。プロレスも同じだ。プロレスだけではない、人間とは、人生全般において、その一瞬一瞬に緊張《テンション》を高め、新しい自己認識を手に入れることで向上していくものではないだろうか。

闘魂語録

067

金の計算ばかりするな

人間ってどこかで素直になればね、潜在能力というものをもっともっと開花させることができるんです。

作家・百瀬博教氏との対談で、小川直也に負けたにもかかわらず、橋本真也への注目度や評価が高まったことを聞かれて。
——2000年2月

人間ってどこかで素直になればね、潜在能力というものをもっともっと開花させることができるんです。どこかでみんな守りに入ったり、こだわったりするから小さくなっちゃうじゃないですか。だから逆に言えば小川にも言えることなんですね。もう小さくなりかかってきますから、すぐにね。華なんか一時ですから、パッと咲くのは。（略）

もう一つはやっぱり、選手って自分が持ってる財産に気づかないというか、小川もあんまり金の計算をしないことですね、今は。あんまり金の計算をすると、計算をした瞬間に小さくなっちゃうのね。

闘魂語録

068

顔は男の人生を語る

満足感というのは、やはり顔に出てくるものだから。輝きとかね。

引退前の髙田延彦について、満足感が見えない、迷いがあるのではないかと指摘して。
——2002年12月

ズバリ言うなら俺は、かつて髙田が新日本プロレスにいるときには、もの凄く期待してたからね。それが良かったのか悪かったのか全くわからないけど、今、彼自身の心の中にある満足感というかその部分でどうなのかなと。満足感というのは、やはり顔に出てくるものだから。輝きとかね。だからこそ、年輪というのはそれなりの重さを持ってくるわけでしょう。（略）そういう意味で言えば、何か髙田はちょっと迷ってるなあという。だから「引退」も、歯切れのよい型であってほしいな、という思いはあるね。

闘魂語録

069

猪木流の死生観

死というのは
素晴らしい世界だと思うね。
みんなは悲しく
しすぎるんじゃないかな。

ブラジルにいる危篤の母親の様子を電話で聞き、寝入り際に母親の死を予感したエピソードを語って。　——1988年2月お袋が天女というか、なんかバーッと羽ばたいていくような感じがしたわけ。はっきり見えたわけじゃないんだけど、なんとなく……そしたら2時間後ですよ、「息を引きとった」って電話がきたのは。

死ぬ間際まで、俺のことを「まだこないのか、まだこないのか」ってみんなにいってたらしいんですね、うわごとのように。しようがないから「もう飛行機に乗ったよ」って嘘ついたら、それを聞いてスーッと息を引きとったっていうんですよ。

親が死んでね、悲しくないバカはいないよ。ただ自由になってフワーッと飛んでいく、なんとも軽やかな姿が頭に焼きついてて、妙に清々しかったんですね。

私は宗教家じゃないから、なんともいえないけど、死というのは素晴らしい世界だと思うね。みんなは悲しくしすぎるんじゃないかな。もうひとつの新しい世界というか、来世に向かって旅立っていくときは、もっと祝福すべきなんじゃないかって……。

第五章

自信

自分の殻を
ブチ破るための
勇気が出る言葉

闘魂語録

070

常識に縛られない

俺の人生のタイトルは「ホームレス」。

2001年2月18日の新日本プロレス両国国技館大会でホームレス姿でリングに上がったことを受け、「常識」にとらわれない自由な生き方が人間にとって大切だと説いて。

――2001年9月

俺の言うホームレスってのは、豊かさとか安定とかってものを全部捨てちまって、社会っていうワクになんかとらわれてない生き方をしてるって意味。俺の場合も、どんな生活だってできるし、どんなふうにでも自分を変えることができる。だから、俺の人生のタイトルは「ホームレス」になるわけだ。

闘魂語録

071

相手の顔色ばかり見るな

人生というのは人に媚びてばかりいても仕様がない。突き放すことも、開き直ることも時には必要だ。

1987年10月4日に行われた前代未聞の無観客試合、マサ斎藤との巌流島決戦を行うに至るまでの心の内を明かして。

――2010年1月

当時、ＵＷＦとの提携が終わり、長州力たちが戻って来ていた。興行は人気絶頂の長州力が中心で、新日本プロレスは世代交代の真っ最中だった。テレビ朝日も長州力や藤波辰爾を後押ししていた。私とマサ斎藤はどこかでまだ彼らには負けないという気概を持ってこの闘いに臨んだことも一方にはあった。

何十年もプロレスをやっていればどこかでくたびれて来るし、マンネリ化する。テレビ局も方針が変わって、バラエティー的な要素をプロレスに要求して来るようになっていた。それに対して「ノー」と言えないくらいこちらのパワーも落ちて来ていた。誤解を恐れずに言えば、私たちはそういうマスコミやファンに媚《こ》びるのに飽きが来ていたのだ。

こんな商売だが、人生というのは人に媚びてばかりいても仕様がない。突き放すことも、開き直ることも時には必要だ。そんな思いもどこかにあった。

後悔は罪

闘魂語録

072

反省するけれど、後悔しない。

第1回IWGPリーグ戦決勝での失神KOなど、
過去の自身の挫折体験から得た教訓を語って。 ――2007年6月1日私は反省するけれど、後悔しない。

人間は後悔すると、前に進めない生きものだから。

いっそのこと死んでしまおうかと考えたことも幾度かあった。

だが、死ぬエネルギーがあるくらいだったら、まだ生きられると思った。

落ち込みからの立ち直りを幾度か経験しているうちに、私なりの方程式みたいなものができあがった。

「どうやって死のうか」と死に際を考える力があるうちは、人は死ねない。

生きる力は、想像を絶するほど強く、深いものだ。

人間は精一杯悩み、悩み続け、悩み抜いた果てに初めて、こだわりを克服することができる。自分の生きる道を全力で闘った者のみが、コンプレックスをバネに飛躍できるのではないか。失敗やコンプレックスに怯え、何事も中途半端になるよりは、すべてを両手にしっかりと受け止めてみる。そこから初めて明日が見えてくる。

闘魂語録

073

個を尊重せよ

俺は絶対に他人を否定しないんですよ。皆、一所懸命生きている中で「自分の個性だけは他人より優れている」なんていう考え方は愚かにも程がある。

誰しも「生まれ持った使命」や「役割」があるのではないかと示唆して。

――1989年7月

とにかく、俺は絶対に他人を否定しないんですよ。皆、一所懸命生きている中で「自分の個性だけは他人より優れている」なんていう考え方は愚かにも程がある。男女の問題だってそう。夫婦にしても、どちらかがいなくなって初めて人と人とのつながり、人間愛に気がつく。だから別れた女房に対しても、恋人に対しても、本当に幸せになってもらいたいと心の底からそう思っていますよ。

闘魂語録

074

カール・ゴッチから学んだこと

たとえ卑怯と呼ばれようが、汚いと言われようが、勝つためなら何でもやる。その闘い方をオレが引き継いじゃったから、相手が誰であっても怖いとは思わなかった。

プロレスラーとして力道山を超える人はいないが、プロレスの理論やテクニックを教えてくれたのはカール・ゴッチだと語って。ゴッチから受けた影響について。

――2000年1月

カール・ゴッチという人の恐ろしさは、本当はもっと別のところにあった。一言で言うと、彼のレスリングの原点は「勝つためなら何でもやるよ」ということ。関節が決まらなかったら、相手の頭や顔を殴ってでも決めにかかる。とにかく、思ってもみないようなことを平気でやってくるんです。

よく言われるケツの穴に指を突き立てる行為もそのひとつ。誰だってケツの穴に指を突き立てられれば跳び上がりますよ。その瞬間、ゴッチはバッと相手の腕や足を取って決めにかかる。反則スレスレというより、はっきり言えば反則行為ですよね。

たとえ卑怯と呼ばれようが、汚いと言われようが、勝つためなら何でもやる。その闘い方をオレが引き継いじゃったから、相手が誰であっても怖いとは思わなかった。「そっちがやる気なら、こっちも行くぜ!」とね。そういう態度を見せると、ビビるのは向こうの方ですよ。

本当の強さ

闘魂語録

075

負けなければ、人間は強くなれない。

本当の強さを求めて気づいたこと。

——2008年10月

若かりしころ俺は、プロレス界でスターになってスポットライトを浴びたいという意識よりも「強くなりたい」という意識がはるかに強かった。ただただ「強くなりたい」、自分にはそれしかなかった。

しかし、それは間違っていた。

プロレスでいえば、強さの証明は勝ち続けることである。ならば、ずっと勝ち続けているレスラーは強いのか？　もちろん弱くはないだろうし、戦歴だけ見れば確かに強いのだろう。しかし、そういったレスラーは脆《もろ》い。敗北を知らないから、負けること、失敗することに怯えてしまう。

俺には、「負けなければ、人間は強くなれない」という信念がある。

負けを知った人間が這い上がって行くとき、本当に強くなれるものだ。俺が求める強さとは、レスラーという存在を飛び越えた、人間としての強さである。

勝つことしか知らないような人間は、本当の強さを持つことはできない。これは、俺の数限りない闘いから得た教訓のようなものである。物事の一方だけを見ても、本当の姿は見えないからだ。片側だけの強さは、本当の強さではないのだ。

闘魂語録

076

負の部分をエネルギーに

やっぱり、行動なんですよ。どんなことでも頭の中で考えてばかりいないで、まずやってみることなんです。

ライフワークとしている環境問題について、頭の中で考えているだけでは何も変わらないと訴えて。「ブラジルのコーヒー園が人生のすべてを教えてくれた」。

――2009年12月

ふと、自らの心の原風景が懐かしくなって訪ねていったら、すでにコーヒーの木はなく、雑草が生えているだけだったんですよ。その土地の荒廃による変わり果てた姿が、私を環境問題に導いていったと言っていいでしょうね。ですから新聞や雑誌で「環境がどうの……」と理屈ばかり言っている知識人と呼ばれている人たちは、一度、アマゾンのジャングルを走り回ってくるといいんですよ。

パラオの海に潜ってもいいし、そうすると机上では計り知れない、自然からの知恵が黙ってても入ってきますから。やっぱり、行動なんですよ。どんなことでも頭の中で考えてばかりいないで、まずやってみることなんです。失敗が怖い？いいじゃないですか。私なんか失敗、誤解、つまずきといった負の部分をエネルギーに変えてきたからこそ、こうやって60歳を過ぎたいまでも元気でいられるんですから（笑）。

闘魂語録

077

アリ戦の意味

誰にでもチャンスがあるんです。ただ、それを物にするかどうかということ。結局はみんな愚痴を言いながら人生終わっていくんですよ。

フリーアナウンサー・古舘伊知郎氏との対談で、自分に挑戦してくるレスラーが誰もいないことに言及して。

——1990年5月

誰にでもチャンスがあるんです。ただ、それを物にするかどうかということ。結局はみんな愚痴を言いながら人生終わっていくんですよ、チャンスを手にしなきゃ。だから、オレはアリとやった。みんなから色々と言われたけど、それを手にしたからこそ、今オレが政治の世界で生きていても、「いやぁ、見たよ」って言ってもらえる。世界に出ていって、オレはどの政治家よりも知られてます。これは自負できますからね。

闘魂語録

078

努力を自信とするために

もっと自分に
うぬぼれてみろよ。

不断の努力を「自信」とするために必要なことについて。 ――2009年5月私はよく人に「もっと自分にうぬぼれてみろよ」と言う。

自分で「もうこれ以上はできない」と思うほど徹底的に努力してみる。その努力に対して、自分で自信を持つ。そしてうぬぼれる。そうすると、自分でも思いもしなかった力を発揮できることがある。勝つためには努力が必要だ。努力をしていないのなら話にならないが、きちんと努力をしているのならば、あとは自分に自信を持つことだ。

闘魂語録

079

時間を我慢できるか

本当に自分の目で見て体験している世界さえ持っていれば、人が何を言おうとそれは変えられない。それさえあれば待つこともできるし、壁を打ちやぶることができる。

体験の場としての旅が重要であり、その連なりが人生という旅である。その旅の秘訣は「時が味方してくれるまで待つこと」だと語って。

——1987年2月

たとえば今の若い人たち。あんまり苦労していないとか……もちろんなかにはスゲェ奴もいて一般的にはいえないけど、〝する必要ねえじゃねえか〟って風潮になっている。でも旅っていってもそれは頭の中で空想するだけの旅なんかじゃなく、体験の場としての旅、それが大事だと思う。（略）そんな体験の連なりが人生という旅であると思う。

そんな旅のためには秘訣がある。どれだけ時間を我慢できるかということだ。時が味方をしてくれるまで待つことができればいい。本当に自分の目で見て体験している世界さえ持っていれば、人が何を言おうとそれは変えられない。それさえあれば待つこともできるし、壁を打ちやぶることができる。

闘魂語録

080

自由な発想

一度決めた道を
あきらめないほうがいい、
というのは大嘘だ。

エネルギーを人生でどう使うべきかについて。自由な発想で自分の進むべき道を決めればいいと語って。　——2008年10月

何でもいいから一つ、これなら誰にも負けない、あるいはそうでなくても世の中のためになるものをつくって欲しい。

本当に何でもいいと思う。たとえばマッサージでもいい。俺もマッサージは上手いんだよ（笑）。自分の体が体だからね。

どんなことでもいいから他人に負けないものをつくろうとすること自体が、パワーを生み出す基になる。最終的にそれが身につけば、その人の自信にもなる。それによって飯も食えるようになるしね。しかし、たとえそれが身につかなかったとしても一向に構わない。その一生懸命にやったという過程こそが大切なのである。

一度決めた道をあきらめないほうがいい、というのは大嘘だ。ダメだったら「次はこれにチャレンジしてみよう」でいい。自由な発想で自分の進むべき道を決めればいいのだ。ここを勘違いすると、挫折して異常な行動を取る輩が出たりする。その「キレる」というエネルギーはマイナスでしかない。

闘魂語録

081

体験とは失敗である

正直に生きると、失敗もしますよ。でも、そこから何かをプラス志向で学びとればいいわけだから。

テレビ中継されていたモハメド・アリ戦の調印式で、「試合の賞金、収入は、勝者がすべて獲得する。敗者はゼロ」と明記された同意書を突然、アリに突きつけたことを振り返って。
——2006年8月

ひどい生活だったよね。オレはその中でやみくもに「自分の力を試したい」と思ってたんだと思う。あの頃、ブラジルでね、毎日見てたジャングルの向こうに何があるんだろうと思って、兄貴と二人で一晩歩き続けたことがあるんです。結局、迷っただけだったけど。あれが、たぶんオレの原点なんでしょうね。出口がわからなくても、とにかく進んでいく。バカだと思われようが、自分の身体で体験して確かめてみたい。だから失敗もいっぱいしてきたよね。でも、オレは間違いなく自分に正直に生きてきた。正直に生きると、失敗もしますよ。でも、そこから何かをプラス志向で学びとればいいわけだから。

闘魂語録

082

人生の三種の神器

「元気」と「健康」、そして
「勇気」の三つがあれば、
何歳になっても人生の成長
曲線を描くことは可能です。

「一歩踏み出す勇気」で、人生にさまざまな
波を引き寄せることができたと思っている、
と語って。　　　　　　　　――2005年11月

闘魂語録

083

リングに上がる寸前まで手形が落ちない！

正直、死のうと
思ったこともありますよ。
思っただけですけど（笑）。

事業が軌道に乗らず数十億円の借金を抱え、
「破滅寸前」だった時期について語って。
——1989年4月

お金と関係なくプロレスや事業に集中できるようになったのは、ホントこの半年ですよ。それまではリングに上がる寸前まで手形が落ちなかったなんて、しょっ中でしたからね。

ひどい時は、こんなの絶対無理という手形を毎日ブチ込まれてね……。全然、外が見えなくなっちゃって、正直、死のうと思ったこともありますよ。思っただけですけど（笑）。行く先々の社長に説教されました。「お前はバカじゃないか、あれをやらなきゃビルの一つや二つは建ったのに」とか言われる。確かに、その人達のいう経営学については謙虚に耳を傾けなきゃいけない。お金はエネルギーですからね。ただ人には各々の基準もあり生き方もある。私は「今日の絶対は、明日の絶対じゃない」って、自分なりの夢を追っていきたいんですよ。

闘魂語録

084

「ありがとう」「感謝」「私はついている」

莫大な借金背負ってありがとうはないだろうと思うかもしれないけど、結果的には感謝しています。

順天堂大学医学部教授の天野篤氏との対談で、ある本に「ありがとう」「感謝」「私はついている」という3つの言葉を使うことが勧められており、それを実践していると語って。

——2012年9月

「ありがとう」はともかく、「感謝」という言葉は、照れくさくて昔は使いたくなかったのですが、最近、素直に言えるようになりました。あとは、「私はついている」。講演で、「運がいい人、手を挙げて」と聞いても、パラパラッとしか手が挙がらないんですよ。運がいいと思ってない人が多過ぎますね。

何が起きても感謝と考えると、モハメド・アリとの試合も、いまとなっては本当にやってよかったと思います。翌日の新聞記事ではボロクソに書かれて叩かれましたけど、時間が経ってみたら、あれこそ本当の勝負というふうに評判が変わりましたしね。莫大な借金背負ってありがとうはないだろうと思うかもしれないけど、結果的には感謝しています。

闘魂語録

085

誰かの夢に生きる

私が政界入りを目指した第一の動機は、師匠がなしえなかった夢を叶えたかったからなんです。

政治家を志した動機と、北朝鮮外交に傾ける思いを語って。　——2017年11月

そもそも、私が独自に北朝鮮外交へと乗り出したのは国会議員になって間もなくのことでした。ご存知の方も多いと思いますが、私と北朝鮮を結びつけたのは師匠であり、戦後最大のヒーローのひとりである力道山の存在です。そもそも、私が平成元年にスポーツ平和党を立ち上げ、参院議員選挙に出馬したことも師匠の影響抜きには語れません。力道山は引退後、参院選へと立候補するつもりで、極秘のうちに出馬計画が進められていました。そう、私が政界入りを目指した第一の動機は、師匠がなしえなかった夢を叶えたかったからなんです。(略)

私をプロレスの世界に導いてくれた師匠が、ついに錦を飾れなかった故郷、それこそが北朝鮮でした。師匠が生涯に亘って抱え続けた無念の思いを胸に、北朝鮮へ渡ろうと考えるようになりました。

闘魂語録

086

今の人たちは悩みごとをつくる天才なんじゃないかと思う。

経済的な不安が蔓延する不健康な現代社会を憂えて。　　　　——2008年10月

経済的な不安が社会に蔓延していて、金のことでマイナスな思考に陥るのは、世の中が不健康な証拠だ。昔の人は「宵越しの金を持たない」なんていったもの。それはその時代の社会が健康だったからいえたのだ。

今はみんな、今日飯が食えているのに、明日や明後日の飯の心配までしている。悩みごとを自分たちで勝手につくってしまっている。今の人たちは悩みごとをつくる天才なんじゃないかと思う。俺の身の回りにもそんな奴が大勢いる。もっと楽に物事を考えればいいんじゃないの？と思ってしまう。

極端な考え方かもしれないが、誰でも一度ホームレスを経験すればいい。俺の言葉「人生のホームレス」じゃないけど、体験してみるのもいいんじゃないか？

実をいうと、俺はホームレスとまったく無関係ではなくて、定期的に彼らへ炊き出しをしているんだ。何百人というホームレスたちが、毎年俺が来るのを心待ちにしている。

闘魂語録

087

100%と99%はまったく違う

本質はどれだけ自分が素直かっていう、あるいは、どれだけ純粋かっていうことだと思う。その純粋さっていうのがすごいエネルギーになる。

週刊誌に事実無根も含んだスキャンダルを書かれて以降、自分の中に不純物が混じるようでいっさいその手の雑誌を読まなくなったと語って。　——1987年2月

まあ、人間というのはただ素直に生きていけばいいと思うんだけど、そういうことがあると自分の中に不純物が混じるようでいやなんだ。たとえば最近、やれかけひきだとか、こうすればうまくいくだとか、その手の本がふえているけど、そういうのも自分を汚してしまうようでいやなんだよね。ようするに本質はどれだけ自分が素直かっていう、あるいは、どれだけ純粋かっていうことだと思う。その純粋さっていうのがすごいエネルギーになるのだ。ある実験があって、ある金属で１００％の純度のものと不純物が一万分の一でも混じっているものでは純粋なもののほうがはるかに強いっていう報告があるらしい。これはひとつのもののたとえだけれど、人間のエネルギーというのも、そんな感じがあると思う。レスリングだって同じだ。１００％の純度の世界へどれだけ到達できるか。99％と１００％の差は紙一重のようでいて、その差は普通の世界と奇蹟の世界ほどの差がある。だから俺は自分の純粋さを大切にするのだ。

猪木哲学の基本原理

闘魂語録

088

バカになれ。恥をかけば本当の自分が見える。

闘魂語録

089

猪木家の血

人を裏切って生きる人生には何も財産は残らないけど、裏切られ、それを乗り越えてきた奴は、大きな力、財産を持っていると思う。

日本プロレス時代、乱脈経営を糾そうと若手を中心に血判状まで書いて改革に乗り出したが、“裏切り者”が出て頓挫。会社は「猪木は何をするかわからない」とされ、当時リングサイドにはアイスピックやナイフをもった人間もいたという。このときの裏切られた経験を引き合いに出して。　——1990年10月騙され、裏切られるということは、必ず起こる。これは覚悟しておかなければならんと思う。裏切られたという被害者的な怨念だけで生きていくと、結局は自分が損する。だからこそファイブカウントルールのような形で相手を許す。反則を許して、自分から手を広げてやる。

俺は札幌でファンク兄弟と闘ったときに、リングサイドでアイスピックをもっていた若い者を、新日本プロレスに入れているし、長州なんか若手が出て行っても、また戻ることを許している。俺は、そういう生き方をしてきたけれど、そう生きてきたことで自信をもって言えるのは、俺は相手から恨まれたことはないということだ。

俺のじいさんは、信頼していた番頭に実印を預けて、一家を破産させた。これが俺の血だ。だけど人を裏切って生きる人生には何も財産は残らないけど、裏切られ、それを乗り越えてきた奴は、大きな力、財産を持っていると思う。

それが、いまの俺を支えているパワーだと思っている――。

闘魂語録

090

劣等感はバネになる

劣等意識は
バネになるんだよね。
だから劣等意識を
持つことって
悪いことじゃない。

藤原喜明との対談で、劣等意識が人間の才能を伸ばし、強い人間をつくることを説いて。　　——2014年5月

藤原はもともと器用でいろんな才能があるんだと思うんだよ。本人が気づいてるかどうかは別として、劣等意識ってのを背負ってね。ズバリ、劣等意識はバネになるんだよね。だから劣等意識を持つことって悪いことじゃない。世の中一般では「劣等意識は持つな」とか言われてるけど、劣等意識が強ければ強いほど、「ハネ上がってやろう」と、それをパワーに転化することができる。いまの世の中はすべてが温暖化になってしまったのか、生ぬるいよね。何かに対抗する、抵抗するようなこともないじゃんね。日本は戦後、間違いなく軟弱になってしまったね。それは本当に北朝鮮とかほかの外国を見てると常に思う。いい悪いは別だよ？　でも、生きる目の輝きっていうのかな、それがいまの日本人にはあまり感じられないような気がする。

闘魂語録 091

逆境のなかで到達した境地

人間はただ生きているだけで花なのである。

多額の借金を背負って得た思い。

——2009年5月

アリ戦直後に多額の借金を背負ったことで、まるで副産物のように異種格闘技戦シリーズは始まった。私はその後も事業の失敗などで多額の借金を抱えることになるが、このときの経験があるから、「借金なんてたいしたことない。きちんとやっていれば必ず返せる」という思いを抱くようになったのだ。

人によっては「開き直りだ」と言われるかもしれない。しかし、いいことなのか悪いことなのかわからないけれど、「花が咲こうと咲くまいと、生きていることが花なんだ」、そう考えられるようになったのだ。世の中には何十億という人間がいる。人、それぞれ、幸せについての考え方も異なる。金持ちだから偉いわけでも、ハンサムだから、あるいは頭がいいから偉いわけでもない。

金持ちでも貧乏人でも、ハンサムでもそうでなくても、そして、頭が良くても悪くても、人間はただ生きているだけで花なのである。逆境の中から、私はそんなことを学んだような気がする。

闘魂語録

092

笑顔ひとつで人生は変わる

道はどんなに険しくても、笑いながら歩こうぜ！

『アントニオ猪木自伝』（新潮社）のエピローグで読者へ向けた言葉。　――2000年3月

第六章

組織

闘う組織のリーダーに求められる条件

闘魂語録

093

改革は理屈より感性

革命とか変革というのは、
無意識に何かを本能的に
感じた人間が起こすもの。

日本プロレスの改革を目指しながらも、追放処分となったことについて語って。

——1998年4月

今思えばね、会社の改革という闘いが追放という形に終わったことで、誰にも気兼ねすることなく、ようやく自分の理想を実現する機会が与えられたのかもしれなかったね。その後の経過を見れば、俺の危機感が正しかったことはあきらかだし、結局、革命とか変革というのは、無意識に何かを本能的に感じた人間が起こすもので、俺は感じたままに行動しただけなんだ。ただ、それが一時的に認められないことはよくあることでね。

闘魂語録

094

新生UWF崩壊を分析

純真すぎるために
UWFという団体に
近づく悪の手に
気づくのが遅れた。

後継者として期待した一人、前田日明と新生UWFについて語って。

——1998年11月

前田はＵＷＦという団体を立ち上げ、新日本を出たり入ったりするわけだが、わたし自身も日本プロレスを離れ東京プロレスに参加、また日本プロレスに戻っていたがすぐに新日本旗揚げで独立した。そういう意味では前田の心境が分からないわけではない。

「魅せる」プロレスではなくて、エンターテイメント性をできる限り排除したスタイルはマンネリ化が深刻だった日本のプロレスに新しい風を吹き込んでくれた。ただ、それだけではマンネリは避けにくい。異種格闘技的な要素を加えていろんな選手をリングに上げたことでその問題は一時的に解消したが、前田をはじめとする面々が新たな試みに対して戦いだけに集中していたことが崩壊の第一歩となったと思う。戦いの世界に集中しすぎるために、金銭的な面に頭が回らず〝純真すぎた〟ということが最大の理由だ。

　純真すぎるためにＵＷＦという団体に近づく悪の手に気づくのが遅れた。人気団体をカモにして「ひともうけしよう」とたくらむ連中の口車にうまく乗せられて、身代を持ち崩す道に歩きださなくてはならなくなる。

闘魂語録

095

会社の社会的な使命

プロレスを育てなければいけない団体と、メシだけ食っていければいいという団体がある。我々は彼らと同じではいけない。

佐々木健介との対談のなかで、プロレスの多団体化と総合格闘技の隆盛に対して自分たちが果たすべき役割を説いて。

――1994年10月

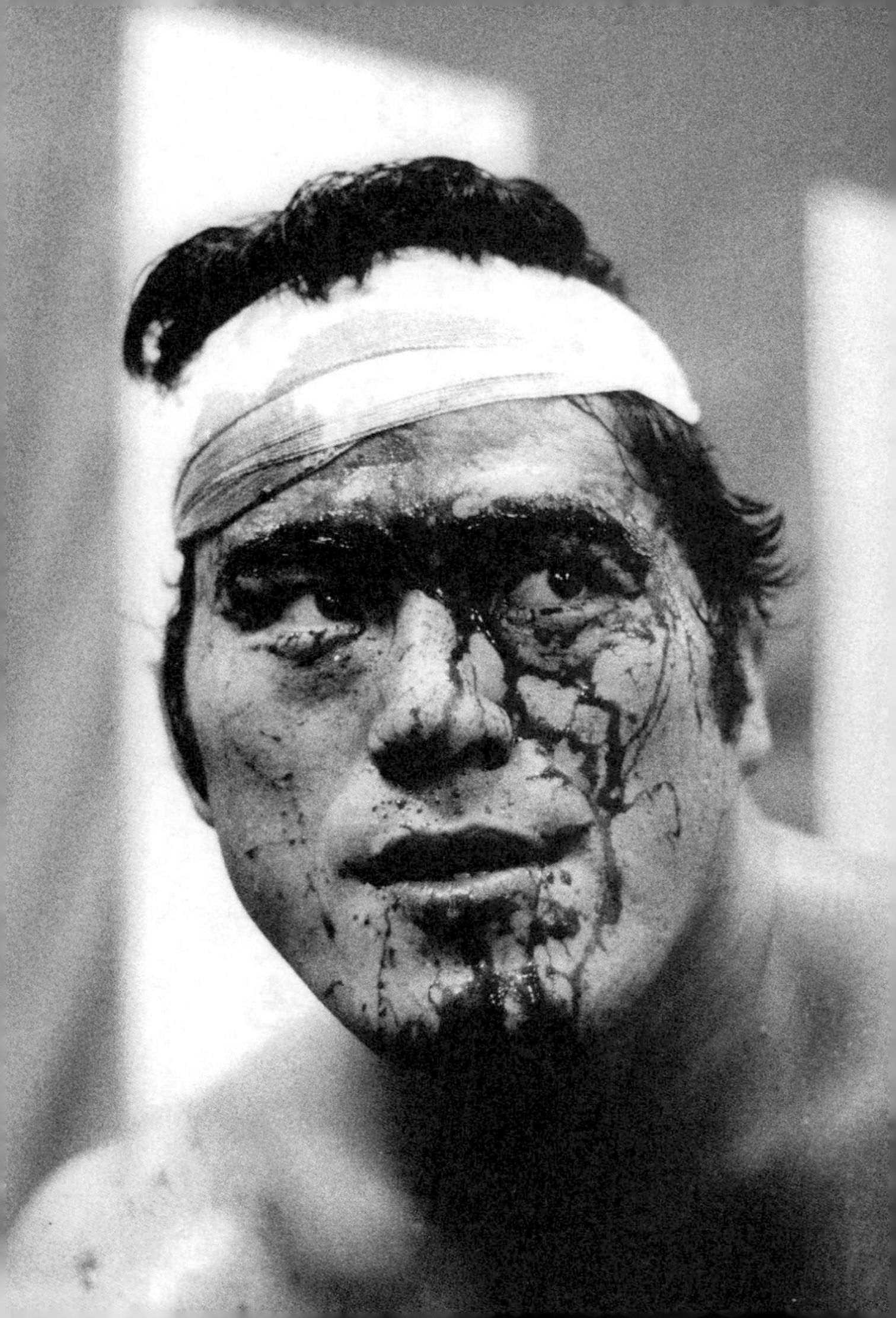

闘魂語録

096

後継者の選び方

戦うかぎり、誰の挑戦でも受けるとは言っても、次の時代を生む肥やしになるかとなると、誰でもいいってわけじゃない。

作家・夢枕獏氏との対談で自らの引退、後継者について答えた。「前田が俺に取ってかわれるのかというと、どうかなと思う」と語ったあとにこう続けた。

——1987年4月

戦うかぎり、誰の挑戦でも受けるとは言っても、次の時代を生む肥やしになるかとなると、誰でもいいってわけじゃない。そこが大変むずかしい。ただ単に「戦いたい」っていうのは、子供でも言える。問題はどんな代償をそいつが払うかってことです。下からくる奴は代償を払わなくていいと思ってる。だけど俺は、ずっと今まで自分で代償を払ってきた。アリ戦しかり、です。

闘魂語録

097

マイナーパワー

ある意味で俺たちは中小企業的と言ったらいいのかな。でもそのために出てくるエネルギーやアイディアは絶対にバカ力にできない。

2003年の大晦日に行われた「INOKI BOM-BA-YE 2003」を前に、雑誌のインタビューに答えて。野球、サッカーと比べスポンサーがつきにくい格闘技界の意地とプライドを語った。
——2004年1月

俺の中には、どこかで反権力というか、絶対的なものに対する反発心みたいなものがある。やっぱり闘いというのは人間の原点。それは狩猟民族として食べるために獲物を追っかけていた時代から始まっていたと思いますよ。コンセプトさえしっかり持ってやっていれば、永遠に格闘技は続くでしょう。でも俺が思うのは野球やサッカーと違って、格闘技には大きなスポンサーがつきにくい。ある意味で俺たちは中小企業的と言ったらいいのかな。でもそのために出てくるエネルギーやアイディアは絶対にバカにできない。

闘魂語録

098

体制派という驕り

オレはいつも革新派。

当時の新日本プロレスの低迷の原因のひとつが、プロレスよりも格闘技を重視する猪木の方針があったのではないかと問われ、これに反論。　——2006年11月

オレはいつも革新派。新日本がプロレス界最大の団体になっても、いつも革命的な強い気持ちがあった。だから面白かった。それが、いつからか新日本は体制派になってあぐらをかいてしまった。その驕りが、今の低迷を招いた。

闘魂語録

099

心地よさに安住するな

誰かがバカをやって変えていかないと変わらないし、どんどん小さくなっていくだけじゃん。

藤原喜明との対談で、国会でも「元気ですかー！」と大声を出す自分は議員としても異端児だが、このままでは参議院は衆議院のコピーになってしまう、と指摘して。

——2014年5月

参議院もね、このままじゃ単なる衆議院のコピーなんだから、誰かがバカをやって変えていかないと変わらないし、どんどん小さくなっていくだけじゃん。結局は選挙で訴えたことも何も実行しない、いざ当選をしたら、この中にいることの心地良さだけを求めてるっていうかね。それじゃ俺は心地良くねえんだよ。バッジをはめたら、普通の人からしたら「先生」だからね。どこに行ったって、一番上座に座らせてもらえるわけ。しかし、俺らは議員をやるずーっと前からそういう人生を送ってきてるわけだから、そんなもんで心地良く感じたりしないわけ。俺が国会でやっていることは、べつにパフォーマンスでもなんでもなくて、あえて言うなら、しっかりと植え付けてきた俺の個性なんだよ。その俺の個性をもってして、参議院の改革であるとか、あるいはプロレスの改革っていうのも前から訴えてる。

闘魂語録

100

〝デビュー戦〟の重要性

馬場さんとわたしのレスラー人生はそこで確実に線引きされたと思う。

デビュー戦の相手が、ジャイアント馬場は中堅で影の薄い田中米太郎、猪木は若手トップの大木金太郎であったことに触れて。

――1998年11月

馬場さんとは道場でよくスパーリングと言われる関節の取り合いをしたが、わたしが馬場さんから関節をキメられることは一度もなかった。使うバーベルの重さもわたしのほうが断然重いものを使っていて、絶対に実力では負けないという自負はあった。

わたしと馬場さんとは、合わせ鏡のような存在だと考えている。

わたしが築いた新日本プロレスと馬場さんの全日本プロレスでは、同じプロレスでもスタイルが全然違う。（略）その原点がデビューの頃だったということを知っておいてもらいたい。

当然勝てる相手に向かって行く者、勝てる可能性がほとんどない相手に向かって行く者。

馬場さんとわたしのレスラー人生はそこで確実に線引きされたと思う。

闘魂語録

101

〝異物〟との化学反応

気が合わない人間を自分のまわりに集めて、その人達の影響を受けながらやっていきたい。自分が持っていないものを持っている人に興味があるんです。

プロレスのあらゆる引き出しを持っていると自負する猪木が、まだ開けられていない未知の引き出しがあるのかと問われて。

――1992年10月

（開けられていない引き出しは）そりゃ、あるでしょうね。全部わかりきったら面白くないから。それは人間と人間の出会いであったり、全く異質の人が出会って刺激し合ったりすることで開くのかもしれないね。とかく人間は自分と合った人を集めたがるのだけど、俺はそうじゃない。気が合わない人間を自分のまわりに集めて、その人達の影響を受けながらやっていきたい。自分が持っていないものを持っている人に興味があるんです。そういう人達と一体になれた時、もう一つ大きなエネルギーを生み出せるんじゃないかな。

闘魂語録

102

人間関係のツボ

生身の人間同士のつき合いで、思想や理念なんてものは邪魔にしかならない、というのが俺の考え方だ。

プロレスラー、政治家として世界中を回って得た思い。　——2008年10月

人間にとって思想や理念なんてものは、本当に必要なんだろうか。

俺はプロレスラー・アントニオ猪木として、また政治家・猪木寛至として、さまざまな国を訪れてきた。かつて共産圏の大国だった旧ソ連、イスラム国家であるパキスタンやイラク、そして今なお、この日本とは遠い隔たりのある北朝鮮……。

どの国に行ったときでも俺は、その国の主義や建国理念という予備知識を、あまり頭に入れずに向かうことにしている。必要なのは頭でっかちなデータじゃなく、「私の思いをわかってください」という情熱なんじゃないだろうか。

だから、生身の人間同士のつき合いで、思想や理念なんてものは邪魔にしかならない、というのが俺の考え方だ。

人と争うことを恐れるな

闘魂語録

103

ケンカとは全人格の放電である。

新日本プロレスへのアマレスラー派遣の交渉で、ソ連（現・ロシア）の政府高官を相手に大喧嘩したことで得た心境について語って。

——1992年1月

男はケンカをする生き物だ。時に暴力を振るうこともあれば、暴力以上の口論をすることもある。〝ケンカは文明の助産婦だ〟といったのはかのカール・マルクスだが、男同士が争うことを私は悪い事だと思わない。若者はケンカを肥しにして、いい顔をした男に成長していくのだ。

私は昨年、国家を相手に大ゲンカをした。選手派遣をめぐる土壇場でのソ連政府との交渉の場で、私は政府高官の目の前で書類をブン投げた。試合直前になって、まるでこちら側の足元を見透かすように契約金を吊り上げてきたからだ。

「もし、この話がまとまらなければ、私の日本での信用はガタ落ちだ。それは我慢しよう。そのかわり、ソ連の威信が地に堕《お》ちることも覚悟しておいて欲しい」――。私は机を叩いてタンカを切った。ソ連政府高官の表情がみるみるうちに青ざめていく。その瞬間、私はこのケンカに勝ったと思った。

若者よ、人と争うことを恐れるな！　ケンカとは全人格の放電である。

闘魂語録

104

世代闘争の本質

オレの次の時代は猪木以上でなくちゃいけない。比較なんかできはしないけど、でも、そういうものがなくちゃいかんわけでしょう。

フリーアナウンサー・古舘伊知郎氏との対談で、プロレスは前の世代を超える何かをしていくことで、その魂が継承されていくと語って。

――1990年5月

プロレスというものは力道山が輸入してきて、ああいう一つの大きな時代を創ってくれた。それをオレたちが継承していく。当然それ以上のものでなくちゃいけない。そうでなくても、そう思いながら闘っていかないといけない。とすると、オレの次の時代は猪木以上でなくちゃいけない。比較なんかできはしないけど、でも、そういうものがなくちゃいかんわけでしょう。

そうすると前田にしても、長州にしても、天龍にしても、オレ以上のものにならなくちゃいけない。オレが一つ言えるのは、世界的に名前を売ったということ。その点に関しては力道山より遥かに名前を売ったと思う。そしたら今度は、じゃあ前田なり、長州なり、そういう人たちに、猪木より何か光るものを持つことが要求されるでしょう。

闘魂語録 105

人を恨んでもどうにもならない

私が人に対して甘いのは私の長所だ。

東京プロレス時代に煮え湯を飲まされた豊登を新日本プロレス旗揚げ時に、リング復帰させたことについて。「人を恨んでもどうにもなるものでもない」と語るなかで。

——2010年1月

私は豊登の仕打ちに腹を立て、縁を切っていた。だが、私は何のわだかまりも持っていなかった。もちろん恨みなど抱くはずもなかった。

私は人をすぐ信用するし、好きになる。身体の大きな人というのは概して何事に対しても大らかである。その反面、厳しさに欠ける面もある。そういうことで言えば、私は身体の大きい人間の典型だ。確かに人を信用したために騙されたり、痛い目に遭ったりしたことは何度もある。甘さゆえである。

しかし、そんなことはどうでもいい。騙した側には騙した側なりの人生があるのだから。人を恨んでもどうなるものでもない。最近では、開き直って私が人に対して甘いのは私の長所だ、と思うことにしている。

闘魂語録

106

幹部批判の作法

もしタイガーがオレに不満があったり、批判すべきことがあるなら、正々堂々と会いに来て、直接オレに言えばいいじゃないか、と思ったね。

タイガーマスクの引退騒動に関して、「本人と会って話し合えば、簡単に解決がつくと思っていた」が、それが叶わなかったと明かして。 ——1983年12月

彼に会おう、と言ったら、会わないと言うんだからね。これは解せなかった。オレが十二年前に、日本プロレスと騒動を起こした時も、社長にはオレの方から会いに行って事情を説明した。そうしたら社長は、「よくやってくれた。私も気がついていたが、できないことがあったんだ」と言ってくれた。ところがそのあと、反乱を起こしたものは放っておけない、と若手から火の手があがって、オレがおん出されることになってしまった。今回の事件では、その時のオレを思い出した。もしタイガーがオレに不満があったり、批判すべきことがあるなら、正々堂々と会いに来て、直接オレに言えばいいじゃないか、と思ったね。同時に、オレに会いに来られないわけがあるのか。ウラに何か隠されているな、と感じた。

闘魂語録 107

おれは、いいものを伸ばしてやりたい。偏見や好き嫌いというレベルに立っている限り、新人の可能性は伸ばしてやれない。

選手への指導法の大原則が「自分で気づけ!」であると語って。　——2001年12月

闘魂語録

108

未来を閉ざさないために

別れ際というのは綺麗であるべきだ。

日本プロレス時代、会社の不正経理疑惑を追及し、若手たちと会社の「改革」に向け行動した結果、日本プロレスを“追放”されてしまったときの状況を振り返って。

——2010年1月

結局、会社乗っ取り犯人ということで、私は選手会から除名され、会社からは永久追放されたのである。

ジャイアント馬場は選手会長を降りて頭を下げ、日本プロレスに留まった。私は留まる気はまったくなかった。頭を下げるつもりもさらさらなかった。しかし、私は最後に社長である芳の里には挨拶に行った。

「純粋にプロレスを愛し、プロレスをよくしようと思ってやったことが、こういう結果を招いてしまいました。申し訳ありませんでした」

どんな事情があるにせよ、別れ際というのは綺麗であるべきだ。将来が閉ざされることはないからだ。

〈完全年表 アントニオ猪木 過激なる77年の軌跡〉

西暦（年号） 日付／年齢／出来事

1943（昭和18）年 2月20日／0歳／生誕。住所は横浜市鶴見区生麦町1687。11人兄弟で男7人、女4人。9番目の6男だった。

1957（昭和32）年 2月3日／13歳／横浜港からサントス丸に乗船し、一家でブラジルに移住。

1960（昭和35）年 4月10日／17歳／同年3月に、サンパウロ市内のホテルで力道山にスカウトされ、ニューヨーク、ロサンゼルス、ハワイを経てこの日、帰国。力道山は「スカイ猪木」というリングネームを提案。翌日、馬場正平（ジャイアント馬場）が日本プロレスに入団し、ともに記者会見を行う。

9月30日／〃歳／日本プロレスでプロレス・デビュー（台東区体育館）。大木金太郎を相手に逆腕固めで敗れる。初勝利はデビュー3戦目、10月15日の田中米太郎戦。

1961（昭和36）年 5月25日／18歳／馬場とシングル初対戦。羽交い締めで敗れる（富山市体育館）。以降、馬場とのシングルは16戦16敗。4回の3本勝負の試合では3回のフォールを奪っている。

1962（昭和37）年 11月8日／19歳／沖縄県・那覇市旭橋広場における平井光明戦で本名の猪木寛至から「アントニオ猪木」と改名。同年11月のテレビドラマ『チャンピオン太』に出演し「死神酋長アントニオ」を演じたのが改名のきっかけだった。

1963（昭和38）年 12月8日／20歳／師匠・力道山が赤坂のクラブ「ニューラテンクォーター」で暴力団員に刺される（15日に逝去）。

1964（昭和39）年 3月9日／21歳／初のアメリカ修行に向けて旅立つ。6月24日にはテキサス・ヘビー級選手権、翌年にはワールドクラス世界タッグ選手権を奪取。

1966（昭和41）年 3月19日／23歳／社長でありながら日本プロレスを公金横領疑惑で追放された豊登がハワイで猪木と合流。新団体設立を持ちかける。俗にいう「太平洋上略奪事件」。

4月23日／〃歳／2年1カ月ぶりに帰国。豊登とともに「東京プロレス」の設立を発表。翌日、支度金30万円を渡されるが、豊登の博打につき合わされ、あっという間に散財。この時期、豊登の紹介で倍賞美津子と出会う。

10月12日／〃歳／東京プロレスを蔵前国技館で旗揚げ。ジョニー・バレンタインにリングアウト勝ち。試合後に「誰の挑戦でも受けます。一般の人でも構わない」と、のちの名言「いつ、何どき、誰の挑戦でも受ける」に通じるコメントを出している。

11月21日／〃歳／東京プロレスの旧都電板橋駅前板谷駐車場大会で主催のオリエントプロモーションが未払い金を払わなかったことから、団体として大会出場をキャンセル。「交通渋滞のため……」という試合開始遅延のアナウンスを信じ、1時間も待たされていた1300人の観客が暴動。警察、機動隊200人が出動して鎮圧する騒乱に。払い戻しに応じることで暴動は鎮静化したものの、入場券のなかに税務署の捺印がないものがあり、主催のオリエントプロモーションに脱税の疑いもかけられた。

1967（昭和42）年

1月31日／23歳／豊登と袂を分かったあと、国際プロレスとの合同興行で「新・東京プロレス」を掲げていた猪木だが、この日の宮城県スポーツセンター大会を最後にその看板を下ろす。

4月6日／24歳／猪木が古巣、日本プロレスへの復帰会見。1000万円もの支度金が日本プロレスから支払われた。翌7日の「第9回ワールド・リーグ戦前夜祭」では、「今までいろいろなことがあったが決して無意味ではなかった。生かせるように頑張りたい」と挨拶。

5月12日／〃歳／馬場と初のBI砲を結成。マイク・デビアス&ワルドー・フォン・エリック組に2-0で勝利（岐阜市民センター）。

1969（昭和44）年

5月16日／26歳／第11回ワールド・リーグ戦決勝大会でクリス・マルコフを破り同リーグ戦初優勝。

12月2日／〃歳／ドリー・ファンク・ジュニアの持つNWA世界ヘビー級選手権に3本勝負で挑戦するも、60分ノーフォールのまま時間切れ引き分け（大阪府立体育会館）。

1970（昭和45）年

12月20日／27歳／ブラジルのマットグロッソで『アントニオ猪木、ブラジルの秘境を行く』という記録映画を撮影中、左足首を毒蛇に噛まれ、一時、意識不明に。

1971（昭和46）年

5月19日／28歳／「第13回ワールド・リーグ戦」で優勝を逃したこの日、馬場への挑戦を表明。だが、5月28日に「時期尚早」として日本プロレスに却下される。

11月2日／28歳／新宿の京王プラザホテルで女優・倍賞美津子と挙式。当時の『週刊明星』の記事には、「特大ケーキが300万円」「ダイヤの指輪が1000万円」「衣装代2300万円」「料理と引き出物が6500万円」、総額「1億円挙式」と報じられている。

12月13日／〃歳／会社乗っ取りを企てたとして日本プロレスから追放処分。同社の杜撰な金銭管理を自らが連れてきた経理士・木村昭政氏を使って改革しようとしたが、周囲から〝猪木の乗っ取り〟とされ失敗に終わる。馬場も「猪木の誘いに乗ったのは事実」として進退伺いを出している。

1972（昭和47）年

1月26日／28歳／新日本プロレス設立会見。29日には道場開きも行った。メンバーは山本小鉄、藤波辰爾（当時・辰巳）、木戸修、魁勝司、柴田勝久など。

3月6日／29歳／大田区体育館で旗揚げ戦。メインでカール・ゴッチに敗れる。旗揚げシリーズパンフレットには「新弟子募集」「プロモーター養成希望者公募」の告知が出ていた。

10月4日／〃歳／カール・ゴッチに勝ち、〝実力世界一〟とされた世界ヘビー級ベルトを奪取（蔵前国技館）。6日後に王座転落。このベルトはオハイオ地区認定AWA世界ヘビー級のベルトを流用したもので、現在は猪木からプレゼントされた古舘伊知郎氏がこのベルトを所有している。

1973（昭和48）年

2月8日／29歳／新日本プロレスと日本プロレスの「対等合併会見」が行われ、団体名は「新・日本プロレス」となることが発表された。しかし、のちに大木金太郎一派が日本プロレス存続に固執し合併を反故に。結局、坂口征二派のみが新日本プロレスに合流することになった。

4月6日／30歳／NE（現・テレビ朝日）がそれまで日本プロレスを放送していた『ワールドプロレスリング』の枠でこの日より新日本プロレスの放送を開始。猪木&柴田勝久vs.ジャン・ウィルキンス&マヌエル・ソト戦と坂口vs.プロフェッサー・バーン・ジール戦のダブルメインイベントが放送された。

11月5日／〃歳／午後6時、倍賞美津子夫人との買い物を終え、新宿の伊勢丹デパート正面入口を出たところをタイガー・ジェット・シン、ビル・ホワイト、エディ・オーガーの3人に襲われ、全治1週間の裂傷を負う。新日本はこの件で四谷署に始末書を提出。事件の反響は大きく、11月8日の沼津市民体育館大会には超満員の観衆が詰めかけた。メインは猪木&坂口&山本小鉄組が襲撃事件を起こした3人とタッグで対戦。シンの名が全国区になる契機となった。

1974（昭和49）年

3月19日／31歳／ストロング小林と蔵前国技館で一騎打ち。力道山vs.木村政彦戦以来の大物日本人対決が実現。猪木が原爆固めで小林を下し、NWF王座を初防衛。試合後、「こんな試合を続けていたら10年もつ体が3年か4年しかもたないかもしれない、だが、それでも私は闘う！」とコメント。

6月26日／〃歳／猪木がシンの右腕をヘシ折る「腕折り事件」が起こる（大阪府立体育会館、NWF世界ヘビー級選手権）。

10月10日／〃歳／蔵前国技館で大木金太郎との一騎打ちに勝利。大木の頭突きを右ストレートで打ち返すシーンが有名だが、この攻撃で大木の前歯が4本吹っ飛んだという。

1976（昭和51）年

2月6日／32歳／日本武道館でミュンヘン五輪柔道金メダリストのウィレム・ルスカと初の異種格闘技戦。バックドロップ3連発でTKO勝ち。『ワールドプロレスリング』枠の生放送で最高視聴率34・6パーセントという驚異的な数字を叩き出した。

6月26日／33歳／ボクシング世界ヘビー級チャンピオン、モハメド・アリと対戦（日本武道館）。アリのファイトマネーは約18億円。全米170カ所（他イギリス6カ所、カナダ15カ所）でのクローズド・サーキットが大不振に終わり、新日本プロレスは約9億円という多大な借金を抱えることに。

10月9日／〃歳／大邱大会でパク・ソンナン選手と対戦。のちに「大邱事件」と呼ばれる大荒れの試合となる。

12月12日／〃歳／パキスタンのカラチ・ナショナルスタジアムでアクラム・ペールワンと一騎打ち。リアルファイトを臨まれ、アクラムの左腕を折る（脱臼）。アクラムは体中にオイルを塗っており、猪木は「決着をつけるには腕を折るしかなかった」と述懐。アクラムは当時47歳だった。

1977（昭和52）年

8月2日／34歳／日本武道館で全米プロ空手の猛者、ザ・モンスターマンと異種格闘技戦。5RKO勝ち。前座戦でベニー・ユキーデが日本デビューし、全日本キックの鈴木勝幸にKO勝ちした。

1978（昭和53）年

2月8日／34歳／日本武道館で上田馬之助と釘板デスマッチ。場外に釘板が設置されるなか、一度も落下せずに猪木がアーム・ブリーカーでKO勝ち（上田のセコンドだったタイガー・ジェット・シンによるタオル投入）。猪木は試合後「警察やテレビ局から、絶対に場外に落とすなと言われていたからロープサイドではきれいにブレイクしたのに、上田は急所攻撃をして落とそうとした。最低限のモラルもわかってない」と憤慨。

11月26日／35歳／西ドイツのシュツットガルトでローラン・ボック相手に4分10R判定負け。猪木がボックに圧倒された内容に、当時のテレビ朝日では映像をお蔵入りさせるという考えもあったという。なお同日、猪木はボック戦のあとにチャーリー・ベルハルストという選手ともう1試合行い、こちらは勝利している。

1979（昭和54）年　1月25日／35歳／映画『食人大統領アミン』のモデルになったウガンダ共和国のイディ・アミン大統領との異種格闘技戦を発表。アミンは元東アフリカ・ボクシングヘビー級チャンピオンだった。興行師の康芳夫氏やモハメド・アリの弁護士、ブラック・ムスリムの幹部などの尽力で、日程も「6月10日にウガンダで」と発表されたが、この翌月にアミン政権が崩壊。アミンも亡命したため対戦は消滅した。

8月26日／36歳／プロレス「夢のオールスター戦」が日本武道館で開催され、猪木は馬場と組みアブドーラ・ザ・ブッチャー＆タイガー・ジェット・シン組と対決。猪木がシンを逆さ押さえ込みでフォール。試合後、猪木は「私は馬場選手と戦えるように、今後も努力していくつもりです。二人が今度このリングで会う時は、戦う時です」とマイクアピール。これに応えて馬場も「よし、やろう」とマイクで返したが、結局、この対決は実現しなかった。

11月30日／〃歳／徳島市立体育館でボブ・バックランドからWWF認定ヘビー級王座を奪取。第9代王者とされるがWWF（現・WWE）の公式記録には載っていない。猪木は6日後に初防衛を果たすが内容に納得せずその場で返上した。

1980（昭和55）年　2月27日／37歳／〝熊殺し〟の異名で知られた極真空手の猛者、ウィリー・ウィリアムスとの異種格闘技戦（蔵前国技館）。新日本と極真の両陣営間の殺伐さもあり、当日の関係者入口には金属探知機も用意された。4R1分24秒、両者がもつれたままリング下に転落。両者リングアウトによる引き分け裁定に終わる。

1981（昭和56）年　4月23日／38歳／世界のタイトルを統一するという「IWGP構想」を推進するため、この日スタン・ハンセン相手に防衛したNWF王座を封印。挑戦者のハンセンはトレードマークのブルロープとテンガロンハットを賭け敗退したため、勝利した猪木がそれらを身に着ける珍しいシーンも見られた。

10月8日／〃歳／同年9月23日の田園コロシアム大会に現れた「はぐれ国際軍団」のトップ、ラッシャー木村と一騎打ちし猪木が反則負け。以降、11月5日には木村とランバージャック・デスマッチ（蔵前国技館。猪木のTKO勝ち）を行うなど、2人の抗争が当時の新日本の主軸になっていく。

1982（昭和57）年　1月28日／38歳／東京体育館で前年5月から新日本に参戦していたアブドーラ・ザ・ブッチャーと一騎打ちし猪木が反則勝ち。1週間後に全日本で決定していた馬場vs.ハンセン戦に対抗したカード編成だった。

11月4日／39歳／蔵前国技館でラッシャー木村、アニマル浜口、寺西勇と1vs.3のハンディキャップマッチ。驚くべきことに試合形式は当日発表だった。猪木は、寺西、浜口を倒すも木村にリングアウト負け。

1983（昭和58）年

5月27日／40歳／高松市民文化センターで前田日明（当時・明）と唯一の一騎打ち。延髄斬りで下したが、前田もドラゴン・スープレックスを放つなど健闘。「試合前、『卍固めを使ってもよいですか？』と聞いたら、ウンといってくれなかった」とは後年の前田の弁。

6月2日／〃歳／第1回IWGP決勝戦でハルク・ホーガンに失神KO負け、そのまま東京医大病院に緊急搬送される。翌日の一般紙の社会面を賑わせた。

8月25日／〃歳／猪木の個人事業「アントン・ハイセル」に新日本プロレスの金が流用されているとして、「クーデター事件」が勃発。猪木は社長を退陣させられ、坂口は副社長から降格。一時的に山本小鉄、大塚博美、望月和治（常務取締役）によるトロイカ体制となった。

8月28日／〃歳／失神KOから約3カ月ぶりの復帰戦に勝利し、「お前ら、姑息なことはするな。誰でもいい、俺の首をかっ切ってみろ！」とマイク。クーデター派に向けたマイクであり、指差した先にはクーデター派のレスラーたちがいた。興奮する猪木を止めに入ったのは猪木派とされていた坂口征二だった。

11月1日／〃歳／臨時の株主総会が開かれ、猪木、坂口が社長、副社長に復帰。テレビ朝日サイドが猪木抜きの団体運営を許さなかったためクーデター派は失速した。猪木は「ただ一言、新日本プロレスは不滅だということだ」と風格あるコメントを残した。

11月11日／〃歳／臨時の株主総会が開かれ、猪木、坂口が社長、副社長に復帰。テレビ朝日サイドが猪木抜きの団体運営を許さなかったためクーデター派は失速した。猪木は「ただ一言、新日本プロレスは不滅だということだ」と風格あるコメントを残した。

1984（昭和59）年

6月14日／41歳／第2回IWGP決勝戦のホーガンvs.猪木戦（蔵前国技館）の再延長戦に長州が乱入。猪木はリングアウト勝ちしたが、不透明決着に怒った観客が大暴動。入場口の大時計の針を外し、「猪木vs.ホーガン」の横書き看板は真っ二つに割られた。猪木はこの混乱にスーツ姿で再びリングに上がったが何も話さず手を振るだけだった。結局、坂口、田中ケロリングアナ、藤原喜明らが観客に謝罪したが、暴徒化した観客が蔵前国技館内と前庭で集会を開き、蔵前警察署の警官が鎮圧した。

8月2日／〃歳／蔵前国技館における最後のプロレス興行で長州と一騎打ち。同年の「プロレス大賞」ベストバウトに選ばれた名勝負は、猪木がグラウンド・コブラツイストで勝利。

9月21日／〃歳／長州ら維新軍（のちのジャパン・プロレス勢）の新日本からの大量離脱が発覚。猪木は5日後に会見で「すっきり掃除ができた」とコメント。

1985（昭和60）年

4月18日／42歳／両国国技館初使用大会で全日本から移籍してきたブルーザー・ブロディと一騎打ち。結果は両者リングアウト。猪木vs.ブロディ戦はドル箱カードとなり、翌年の60分時間切れ引き分けを含め、計7戦で猪木の1勝2敗4引き分け。勝敗はいずれも反則絡みで完全決着はなかった。

12月12日／〃歳／「'85IWGPタッグリーグ戦」決勝戦が行われる宮城県スポーツセンターへ向かう新幹線からブロディとジミー・スヌーカが発車寸前で降車し、試合をボイコット。報告を受けた猪木は「追う必要はない。好きにさせとけ！」と吐き捨てたとされる。

1986（昭和61）年

2月6日／42歳／同年より新日本に参戦したUWF軍団の藤原と一騎打ち（両国国技館）。裸絞めで下したが、試合直後に前田日明が乱入し猪木に強烈なハイキックを見舞った。

3月26日／43歳／東京体育館でUWF軍団と新日本の（5vs.5）イリミネーション・マッチ。最後は猪木が髙田延彦（当時・伸彦）、木戸修を連破し、1人残りで勝利した。当初は「猪木vs.前田」「藤波vs.藤原」のシングルマッチが予定されていた。

5月21日／〃歳／写真週刊誌『FOCUS』に3日前の試合後に女性を同伴している写真を撮られ、この日、猪木は坊主頭で登場。「男のケジメで坊主にしました」「ブリッジなんて、このほうがやりやすいんだよ」と語った。

6月17日／〃歳／第4回IWGPリーグ戦の公式戦（愛知県体育館）でアンドレから腕固めで世界初のギブアップ勝ち。「俺自身、信じられない。興奮している」と試合後に語ったほどの歴史的快挙だった。なお、これが両雄の最後のシングルマッチとなった。

10月9日／〃歳／デビュー25周年記念興行「INOKI闘魂LIVE」（両国国技館）で元WBA・WBC統一世界ヘビー級王者のレオン・スピンクスと対戦。84年9月のアノアロ・アティサノエ戦以来、約2年ぶりの異種格闘技戦だったが、途中までボクシング・グローブで闘い、最後は5カウントによるフォール勝ちと釈然としない内容に。同日、前田日明がドン・中矢・ニールセンと名勝負を展開しただけに、猪木の陰りを感じさせる一戦となった。

1987（昭和62）年

3月26日／44歳／デビュー25周年記念興行第2弾「INOKI闘魂LIVEパートⅡ」（大阪城ホール）のメイン、猪木vs.マサ斎藤戦に海賊男が乱入。猪木が反則負けの不透明決着に観客が大暴動。機動隊、警察の出動でようやく暴動は鎮静化した。

10月2日／〃歳／倍賞美津子夫人と離婚。しばらくは芸能マスコミに追いかけられることになり、その分、プロレスマスコミには「普段は敵だと思っていたけど、急に味方に見えてきた」とジョークを飛ばした。

10月4日／〃歳／巌流島に特設リングを設置しマサ斎藤と無観客試合。2時間5分14秒の死闘は裸絞めで猪木がＴＫＯ勝ち。日本マット史上最長の試合だが、試合開始の合図から2人が手合わせするまで30分以上かかっている。

12月27日／〃歳／両国国技館の「イヤーエンドイン国技館」で、ＴＰＧ（たけしプロレス軍団）のリング登場からの強引なカード変更と、ふがいない猪木のファイトに観客が暴徒化。リングに再登場した猪木の「今日はありがとう」というマイクも観客の怒りの火に油を注ぎ、椅子57席が壊され約３００万円の損害が出る大暴動事件に。この4カ月後、『ワールドプロレスリング』はゴールデン枠を外れ、土曜午後4時からの放送となった。

1988（昭和63）年

7月22日／45歳／ＩＷＧＰ王座挑戦者決定リーグ戦で長州と激突（札幌中島体育センター）。ジャーマン・スープレックスを見せるなど奮闘したが、直後に延髄へのラリアットを食らいフォール負け。後進の日本人にシングルマッチで初めてのフォール負け。

8月8日／〃歳／ＩＷＧＰ王座挑戦者決定リーグ戦を勝ち抜き、藤波の持つＩＷＧＰ王座に挑戦。60分時間切れ引き分けとなった。テレビでは当日午後7時半から「猪木、引退か？」と生中継されるも、放映時間内に試合は終わらなかった。後日、土曜午後4時からの『ワールドプロレスリング』レギュラー枠で改めて放送された。

1989（平成元）年

2月22日／46歳／暴動が起きた87年12月27日の両国国技館大会でメインイベントの予定だった猪木vs.長州戦が改めて両国国技館でマッチメイクされた。長州のラリアット6連発に敗れ、猪木は号泣。

3月15日／〃歳／2月に長州に負けたことで第1試合への出場を決めた猪木は、この日、デビューして約10カ月の鈴木みのる（当時・実）と対戦。弓矢固めで一蹴したがマスコミの扱いは大きかった。鈴木の起用については「道場にふてぶてしいヤツがいる」と記者内で評判だったと理由を語った。

4月24日／〃歳／プロレス業界初の東京ドーム大会を開催。メインイベントでソ連（現・ロシア）の柔道家、ショータ・チョチョシビリと異種格闘技戦を行うも最後は裏投げ3連発を食らいＫＯ負け。異種格闘技戦で初の敗戦となった。平日の月曜日開催で、試合終了は午後10時47分と手探りでの大会であったが5万３８００人を動員した。

6月20日／〃歳／「スポーツ平和党」を結党して参議院議員選挙に出馬表明を行う。

7月23日／〃歳／99万３９８９票を獲得し参院選に当選。比例代表での出馬だったが最も票が伸びたのは札幌。意外にも首都圏では得票が伸び悩んだ。政党名を書かず、「猪木」と書いた無効票が続出したためだった。

10月14日／〃歳／会津体育館における「民社党・滝沢幸助代議士を励ます会」で演説中、暴漢に短刀で襲われ後頭部を負傷。長さ6センチ、深さ2センチの傷を負う。なお、犯人は精神病院に入退院を繰り返していた39歳の無職男性。襲った理由は「有名になりたかった」だった。

12月31日／〃歳／ソ連（現・ロシア）で7カ月ぶりにリング復帰（レーニン運動公園内ルイージニキ室内競技場）。チョチョシビリと組み、マサ斎藤＆ブラッド・レイガンズ組と対戦し勝利。初めて観るプロレスと猪木の鮮やかな勝利に思わず踊り出すソ連人もいた。

1990（平成2）年

2月10日／46歳／東京ドーム大会で坂口と〝最後の黄金タッグ〟を結成。橋本真也＆蝶野正洋組と対戦し、蝶野に延髄斬りで勝利。最後は初披露となる「1、2、3、ダー！」で締めた。

9月30日／47歳／横浜アリーナで「アントニオ猪木30周年メモリアル・フェスティバル」を開催。往年のライバル、シンと組み、ビッグバン・ベイダー＆浜口組を下す。

12月2～3日／〃歳／イラク・バグダッドのサダム・アリーナにて「平和の祭典」を開催。この大会が湾岸戦争の影響で人質になっていた日本人の解放へとつながった。帰国した成田空港には300名を超える報道陣が詰めかけた。

1991（平成3）年

2月7日／47歳／東京都知事選への出馬を正式発表。都政基本政策は「若者に夢と情熱、中年にゆとりと生きがい、老年に元気と安心、地球に愛と思いやり」。このフレーズを自民党・小沢一郎幹事長（当時）に一笑に付されたことで、猪木は都知事選出馬の気持ちを固めたとされる。

3月12日／48歳／都知事選不出馬を表明。福田赳夫元首相（実弟の宏一氏は猪木の元後援会長）から「大道を歩め」と諭されたことが理由とされる。

1992（平成4）年

1月4日／48歳／東京ドーム大会で馳浩と一騎打ち。卍固めで下す。

1993（平成5）年

5月3日／50歳／業界初の福岡ドーム大会で藤波と組み出陣。長州＆天龍組を迎え撃ち、藤波が長州をグラウンド・コブラツイストで下す。猪木はマイクで天龍との一騎打ちを宣言。

1994（平成6）年

1月4日／50歳／東京ドーム大会で天龍源一郎と一騎打ち。いったんは裸絞めで天龍を失神させるが、最後はパワーボムで敗れた。ただ、天龍の指の骨を2本折るなど、「勝負の厳しさは教えられたんじゃないかな」とコメント。

5月1日／51歳／引退カウントダウンの第1弾としてグレート・ムタと対戦（福岡ドーム）。裸絞めからの体固めで勝利を収める。

1995（平成7）年

4月28～29日／52歳／北朝鮮で「平和のための平壌国際体育・文化祝典」を2日間にわたって開催。猪木は2日目にリック・フレアーと対戦し勝利。有料入場者数の少なさもあり興行自体は約2億円の赤字に。これは新日本からの持ち出しとなった。試合は19万人（両日計38万人）の観衆を大熱狂させる名勝負に。89年のチョチョシビリ戦と並び、猪木が「実質的な引退試合」と語ることが多い一戦。

7月23日／〃歳／再選を目指しスポーツ平和党から参院選出馬（比例代表）も落選。得票数は前回当選時の約6割、54万1894票。

12月30日／〃歳／大阪城ホールで「突然、卍固め～INOKI FESTIVAL」を開催。猪木は髙田延彦と組み、藤原喜明&山崎一夫組と3本勝負で対戦。勝利したが、2本目に山崎にフォールを取られており、猪木から最後に3カウントを奪ったのは山崎ということになった。

1996（平成8）年

1月4日／52歳／引退カウントダウン第5弾でベイダーと対戦。投げっぱなしジャーマンで瀕死状態に陥りながらも、最後は腕ひしぎ逆十字固めで勝利。棚橋弘至がすべてのプロレスのベストバウトに挙げる名勝負。

6月1日／53歳／アメリカのロサンゼルス・スポーツ・アリーナで「世界プロレス平和の祭典」を開催。ダン・スバーンと組んで藤原&オレッグ・タクタロフ組と対戦し勝利。総合格闘技勃興をきわめて早く察知していた猪木だったが、PRIDEが産声をあげる前年のことであり、興行的には惨敗に終わった。

1998（平成10）年

4月4日／55歳／東京ドームで引退試合。挑戦者決定トーナメントを勝ち抜いたドン・フライを4分9秒、グラウンド・コブラツイストで撃破。「卍固めを出したかったが、もうその余裕もなかった」と試合後は自らのレスラーとしての限界を口にした。この興行は日本プロレス史上最高となる7万人の大観衆を集めた。この日、自らの新団体「U.F.O.」の発足を宣言。

10月24日／〃歳／U.F.O.の旗揚げ戦「TAKE OFF」を両国国技館で開催。小川直也vs.ドン・フライ戦をメインに全8試合が行われ、後日、TBSで深夜枠で録画中継された。

1999（平成11）年

1月4日／55歳／年頭恒例の新日本1・4東京ドーム大会で、小川直也が橋本を相手に〝セメント暴走〟し無効試合に。大観衆の前で赤っ恥をかかされた橋本は、試合後、「絶対許さないよ。何がアントニオ猪木だ」と猪木を黒幕視し激高。

「負けたら即引退」試合、橋本の新日本退団にまでつながる一戦となった。

2000（平成12）年

8月27日／57歳／西武ドームで行われた「PRIDE・10」からPRIDEのプロデューサーに正式就任。

12月31日／〃歳／U.F.O.猪木プロデュースによる初の大晦日格闘技イベント「INOKI－BOM－BA－YE」が大阪ドームで開催。DSEが全面協力したが、メインで髙田&武藤vs.フライ&ケン・シャムロック戦が行われるなど、きわめてプロレス寄りの興行であった。

2001（平成13）年

2月18日／57歳／ホームレス姿で新日本の両国国技館大会に現れ、「朝の10時45分に、マイク・タイソン側から参戦要望のファックスが入りました」と爆弾発言。しかし後日、マスコミ報道で、間に入ったのが「ロン・バートという信頼できる超能力者」（猪木談）であることが明かされ、注目も下火に。タイソンは結局来日しなかった。

8月19日／58歳／K－1「アンディ・メモリアル2001」（さいたまスーパーアリーナ）で猪木軍vs.K－1が開戦。藤田和之がミルコ・クロコップに敗れるなど猪木軍の1勝2敗に終わったが、以降、格闘技界を巻き込んだ動きを見せる。「プロ格」「純プロレス」という棲み分けを示す言葉が定着し始めた。

12月31日／〃歳／初の地上波ゴールデン枠での放送となった大晦日格闘技興行「INOKI－BOM－BA－YE 2001～猪木軍vs.K－1全面対抗戦」がさいたまスーパーアリーナで開催（主催TBS）。平均視聴率14・9パーセントと紅白歌合戦の裏で大健闘した。

2002（平成14）年

8月8日／59歳／U.F.O.と日本テレビの共催で格闘技興行「LEGEND」開催（東京ドーム）。小川直也のほかに、PRIDEを主戦場とするアントニオ・ホドリゴ・ノゲイラも登場したが集客は苦戦。日本の総合格闘技大会史上、初の生中継が行われた記念すべき大会だったが（19：00～21：24）、観客動員は2万8648人（主催者発表）。

8月28日／〃歳／国立競技場における初の格闘技イベント「Dynamite!」（主催TBS。大会運営DSE）に協力した猪木は、地上4000メートルの高さからスカイダイビングを敢行。

12月31日／〃歳／大晦日格闘技興行「INOKI－BOM－BA－YE 2002～猪木軍vs.K－1vs.PRIDE全面対抗戦完全決着」（さいたまスーパーアリーナ）が開催（主催TBS）。猪木は御輿に乗って登場。スネ相撲を披露し野村沙知代氏に張り手を浴びせた。平均視聴率は16・7パーセントと前年より上昇し、テレビ局による格闘技コンテンツの奪い合いが過熱することになる。

２００３（平成15）年　12月31日／60歳／Ｋ－１、ＰＲＩＤＥも独自に興行を開催したこの年の大晦日、猪木は興行会社ケイ・コンフィデンスと日本テレビ、読売テレビ主催による格闘技興行「ＩＮＯＫＩ－ＢＯＭ－ＢＡ－ＹＥ　２００３」を開催（神戸ウイングスタジアム）。しかし、興行内容、視聴率ともにＫ－１、ＰＲＩＤＥに惨敗。日本テレビとは3年間という大晦日格闘技興行の放送契約をしていたが、この年のみで契約は破棄された。

２００５（平成17）年　11月14日／62歳／新日本プロレス本社で緊急記者会見が行われ、猪木がゲームソフト会社のユークスに自らが保有していた新日本の51・5パーセントの株式を売却したことが明らかに。猪木はオーナーを退き、新日本は以降、ユークスの子会社となった。

２００６（平成18）年　6月26日／63歳／横浜赤レンガ倉庫における「猪木vs.アリ戦30周年記念パーティー」の席上で、「ＩＮＯＫＩ　ＧＥＮＯＭＥ」日本武道館大会の開催を発表。しかし、のちに日程が「10月5日、日本武道館」、さらに「11月24日、韓国」と変更、結局実現には至らなかった。

２００７（平成19）年　6月29日／64歳／「闘今ＢＯＭ－ＢＡ－ＹＥ」を両国国技館で開催。公式ＨＰの対戦カード欄に前日まで「ＣＯＭＩＮＧ　ＳＯＯＮ！」の文字が躍った同大会は、なんと全試合当日発表という異例のドタバタぶり。しかし、メインで行われたカート・アングルvs.ブロック・レスナー戦は極上の名勝負となった（アングル・ロックでアングルが勝利）。

２０１０（平成22）年　9月15日／67歳／平壌国際映画祭のため訪朝した猪木に親善勲章第一級が授与される。

12月13日／〃歳／ＦＥＧの主催する大晦日格闘技興行「Ｄｙｎａｍｉｔｅ!!～勇気のチカラ2010～」（さいたまスーパーアリーナ）でエグゼクティブ・プロデューサーへの就任が発表される。「就任に関しては格闘技団体側の反発もありましたが、格闘技全体の視聴率不振にあえぐＴＢＳの意向があった」と関係者がコメントしている。

２０１２（平成24）年　12月31日／69歳／「イノキボンバイエ２０１２」（両国国技館）のメイン、小川直也vs.藤田和之戦で、藤田が試合中から猪木への不信感を口にし、噛み合わぬ試合内容に。結局、藤田がレフェリー・ストップ勝ちをしたが、試合後、「あんたがました仕掛けたんかい？　おめぇの子どもじゃねえんだよっ！　やりたきゃおめぇら2人でやってろ！」と猪木に激怒。猪木は強引に「1、2、3、ダー！」で締めるという謎めいた試合になった。

2013（平成25）年　7月21日／70歳／参院選で日本維新の会から出馬。比例区最多得票数となる35万6606票を集めて当選。18年ぶりに国政復帰を果たす。

2014（平成26）年　12月12日／71歳／8月の日本維新の会分党に際して「次世代の党」に参加し党国民運動局長と議院政策調査会長に就任していたが、この日、次世代の党を離党。

2015（平成27）年　1月8日／71歳／「日本を元気にする会」の設立と同時に同党に参加し同党の最高顧問に就任。

2016（平成28）年　5月16日／73歳／モハメド・アリ戦を行った（76年）6月26日が、日本記念日協会により「世界格闘技の日」に登録されたことを発表。「記念日制定を機に、格闘技界やプロレス界を再度盛り上げ、世界へ元気と平和のメッセージを発信したい」と話した。

6月4日／〃歳／前日に死去したモハメド・アリについての会見を開き、故人を偲んだ。また、この日は喪に服し、赤ではなく黒のマフラー姿だった。

2017（平成29）年　2月20日／74歳／フリーのカメラマン・橋本田鶴子さんと、74歳の誕生日のこの日に4度目の結婚。猪木の肖像権、商標権、著作権管理をするマネジメント会社「コーラルゼット」の副社長で専属カメラマンだった（社長は猪木）。

5月25日／〃歳／猪木がプロデュースする格闘技イベント「ＩＮＯＫＩ　ＩＳＭ」の開催発表を行う。大会収益でカール・ゴッチの墓を建てる計画も明らかにした。

7月24日／〃歳／モハメド・アリ一周忌&カール・ゴッチ十回忌記念イベント「ＩＮＯＫＩ　ＩＳＭ．1」後楽園ホール大会で久々にリングに上がり、抽選で選ばれたファン10人にアキレス腱固めを披露。

10月21日／〃歳／「ＩＮＯＫＩ　ＩＳＭ．2」（両国国技館）で生前葬を敢行。リング上の白い棺桶に向かい、藤波、ハンセンが弔辞を述べ、藤原が般若心経を読み、10カウントゴングが鳴らされると、直後に猪木が「千の風になって」を歌いながら登場。札止め7000人の観客とともに、「1、2、3、ダー！」で締めた。

2018（平成30）年　1月9日／74歳／この日放送の『開運！なんでも鑑定団』（テレビ東京系）に出演。持参した力道山のガウンが400万円の評価額に。

7月22日／75歳／7月14日に亡くなったマサ斎藤を偲ぶツイッターを更新。「マサくん、安らかに眠ってください。元気に旅立った事と思います。語ればきりなくいろいろ思い出します」とツイート。巌流島決戦後、東京駅で皇族に遭遇した際、「開口一番、『マサ斎藤さんはお元気ですか?』と聞かれてびっくりしました」と秘話を明かした。

9月7日／〃歳／北朝鮮建国70年の祝賀行事に参加するため平壌へ。車椅子姿での訪朝となり、「腰の手術の影響」とコメント。

2019（平成31）年

2月19日／75歳／「ジャイアント馬場没後20年追善興行」（両国国技館）のオープニングセレモニーに登場。「元気があれば、送り人もできる」と挨拶後、「最後に（馬場さんから）来た手紙は『三途の川で待っている』と。挑戦を受けるべきかどうか。（リングに）上がると挑戦状を受けたことになる」とし、リング下で「1、2、3、ダー!」を絶叫した。

2月21日／76歳／参議院議員として無所属だったが、この日、国民民主党と自由党による国民会派入りを表明。これにより国民会派が野党第一党に。猪木は「元気があれば、会派も組める」とコメント。

（令和元）年

6月26日／〃歳／次の参院選不出馬を明言していたなか最後の国会出席。本会議後、記者団に「体調も壊し、元気を売る人間が元気を売れなくなってしまった」と不出馬の理由を語った。

8月27日／〃歳／この日の未明に妻の田鶴子さんが亡くなっていたことを自身のツイッターなどで公表。「カメラマンとして私の写真を撮りながら、いつも献身的に接してくれました。今は感謝の言葉しかありません」とした。なお、死因は未公表。享年62。

2020（令和2）年

1月6日／76歳／この日、大田区総合体育館で引退セレモニーを行った獣神サンダー・ライガーにビデオメッセージ。「31年もよく頑張りましたね」とねぎらい、惜別の「1、2、3、ダー!」で締めた。

2月2日／〃歳／新日本の札幌大会（北海道立総合体育センター 北海きたえーる）のメイン後、オカダ・カズチカがマイクで唐突に「アントニオ猪木ー!」と謎の絶叫。翌週の大阪城ホール大会でも「そわそわしてください」とコメントし、プロレスファンを大いに刺激した。

2月19日／〃歳／新日本で行われた、タイガー服部レフェリーの引退記念試合（後楽園ホール）にビデオメッセージで登場。

2月20日／77歳／77歳の誕生日を迎え、都内で「喜寿を祝う会」を開催（ホテルオークラ）。「俺は会長のかませ犬じゃないぞ」と言った長州に闘魂ビンタを見舞うパフォーマンス。また、YouTuberデビューも明らかに。同日には「日本プロレス殿堂会」の設立も発表され、登壇した藤波、長州、天龍とともに、その賛同メンバーに名を連ねたことが発表された。

2月28日／〃歳／武藤敬司が主宰する「プロレスリング・マスターズ」（後楽園ホール）で行われた、猪木デビュー60周年セレモニーに登場。武藤、蝶野、長州、前田に闘魂ビンタを見舞った。

〈出典一覧〉

※数字はページ数ではなく、通し番号です。

第一章

001 『サンデー毎日』（毎日新聞社）2000年8月20・27日合併号「アントニオ猪木『闘魂秘話』『力道山先生 G馬場さんのことそして格闘文化』」

002 2006年9月2日付『日刊スポーツ』東京日刊「連載 プロレスの証言者アントニオ猪木 アリと異種格闘技戦（11）」

003 『Number』（文藝春秋）2002年1月10日・24日号「ロングインタビュー アントニオ猪木『非日常を生む求心力』」

004 アントニオ猪木『踏出力。』（創英社／三省堂書店）2010年1月25日発行

005 2006年8月26日付『日刊スポーツ』東京日刊「連載 プロレスの証言者アントニオ猪木 アリと異種格闘技戦（4）」

006 『スコラ』（スコラ）1987年2月26日号「アントニオ猪木スピリチュアル・エッセイ 猪木WIND INOKI-ism／魂の遥かな旅」

007 『プロレス王国 №16』（KKベストセラーズ）1994年10月30日号

008 アントニオ猪木『アントニオ猪木の闘魂ハイスクール』（未来出版）1992年1月6日発行

009 『週刊宝石』（光文社）1999年4月29日号「リレーエッセイ ザ・格闘技 必殺の二千字バトル 第3回・〝癒やされている〟今の自分」

010 『BIG tomorrow』（青春出版社）1998年7月号「アントニオ猪木　闘魂インタビュー 燃え尽きることなくテメエの人生を生き抜け！」

011 『DIME』（小学館）1988年2月18日号「ダイム㊎経済学 アントニオ猪木の闘魂経済学」

012 『中央公論』（中央公論新社）2012年9月号「頂上対談 アントニオ猪木×天野篤 いつ何どき、誰の挑戦でも受ける！」

013 『スコラ』（スコラ）1989年7月13日号「闘魂炸裂インタビュー アントニオ猪木」

014 『BIG tomorrow』（青春出版社）1988年2月号「熱血INTERVIEW／俺だけの闘い方 アントニオ猪木」

015 アントニオ猪木『踏出力。』（創英社／三省堂書店）2010年1月25日発行

016 アントニオ猪木『俺の魂』（あ・うん）2001年9月20日発行

017 アントニオ猪木『苦しみの中から立ちあがれ』（みき書房）1983年2月6日発行

018 『週刊大衆』（双葉社）2019年1月21日号「アントニオ猪木 知られざる海の向こうの〝闘魂秘録〟第7回 38万人を動員した『平和の祭典』」

第二章

019 『Number』（文藝春秋）1994年6月23日号「ロングインタビュー アントニオ猪木 プロレス界批判序説。」
020 アントニオ猪木『不滅の闘魂』（海鳥社）1998年11月30日発行
021 2006年10月28日付『日刊スポーツ』東京日刊「連載 プロレスの証言者アントニオ猪木 新日本と名勝負（4）キャラ作り」
022 『Number』（文藝春秋）2002年1月10日・24日号「ロングインタビュー アントニオ猪木 『非日常を生む求心力』」
023 アントニオ猪木『苦しみの中から立ちあがれ』（みき書房）1983年2月6日発行
024 『SPORTS Yeah!』（角川書店）2001年5月10日号「アントニオ猪木『闘魂死なず』」
025 2001年12月27日付『読売新聞』朝刊「[Zip Zap]アントニオ猪木さん 何でもアリの人生さ」
026 『SPORTS Yeah!』（角川書店）2001年5月10日号「アントニオ猪木『闘魂死なず』」
027 2003年7月8日付『朝日新聞』夕刊「アントニオ猪木さん（TV50年 ブラウン管の記憶）紅白に『異種格闘技戦』挑む」
028 月刊『からだにいいこと』（祥伝社）2006年3月号「好きです！わたしの体 アントニオ猪木さん」
029 『週刊アサヒ芸能』（徳間書店）2008年3月20日号「アントニオ猪木『燃える闘魂』65歳の怪気炎 後編」
030 2006年8月31日付『日刊スポーツ』東京日刊「連載 プロレスの証言者アントニオ猪木 アリと異種格闘技戦（9）」
031 アントニオ猪木『踏出力。』（創英社／三省堂書店）2010年1月25日発行
032 『週刊ゴング』（日本スポーツ出版社）1990年8月9日号「巻頭衝撃インタビュー アントニオ猪木怒りの復活！」
033 『スコラ』（スコラ）1987年3月26日号「アントニオ猪木スピリチュアル・エッセイ 猪木WIND INOKI-ism／魂の遥かな旅」
034 2007年6月13日付『朝日新聞』夕刊「人生の贈りもの」
035 『闘魂伝説の完全記録6』（ケイ・インターナショナル）1997年6月10日発行
036 アントニオ猪木『元気があれば何でもできる！』（KKロングセラーズ）2007年6月1日発行

037『週刊大衆』（双葉社）２０１９年８月12日号「アントニオ猪木 知られざる海の向こうの〝闘魂秘録〟第34回 ミクロネシアの大自然 パラオ編『場所を変える』」

第三章

038『ＴＨＥ21』（ＰＨＰ研究所）２００２年４月号「『気になるあの人』との60分 アントニオ猪木」

039『TV Bros.』（東京ニュース通信社）２０１０年４月３日号「元気があれば何でもできる特集① 今こそ聞きたい！猪木の話」

040『MEN'S WALKER』（角川書店）２０００年５月９日号「アントニオ猪木 パラオで『PRIDE』を斬る！」
041 アントニオ猪木『不滅の闘魂』（海鳥社）１９９８年11月30日発行
042 アントニオ猪木『元気があれば何でもできる！』（ＫＫロングセラーズ）２００７年６月１日発行
043『TV Bros.』（東京ニュース通信社）２０１０年４月３日号「元気があれば何でもできる特集① 今こそ聞きたい！猪木の話」
044 ２００７年６月15日付『朝日新聞』夕刊「人生の贈りもの」
045『闘魂伝説の完全記録６』（ケイ・インターナショナル）１９９７年６月10日発行
046 ２００６年９月５日付『日刊スポーツ』東京日刊「連載 プロレスの証言者アントニオ猪木 アリと異種格闘技戦（14）」
047『BIG tomorrow』（青春出版社）２００３年10月号「MONTHLY COVER BIG SPECIAL INTERVIEW アントニオ猪木」
048 アントニオ猪木『アントニオ猪木の闘魂ハイスクール』（未来出版）１９９２年１月６日発行
049『BIG tomorrow』（青春出版社）１９９８年７月号「アントニオ猪木　闘魂インタビュー 燃え尽きることなくテメエの人生を生き抜け！」

050『MEN'S WALKER』（角川書店）２０００年２月１日号「格闘技 新世紀の最強伝説 アントニオ猪木VS百瀬博教『きっと世界を変えてやる』」

051『BIG tomorrow』（青春出版社）１９８８年２月号「熱血INTERVIEW／俺だけの闘い方 アントニオ猪木」

052『スコラ』（スコラ）１９８７年３月12日号「アントニオ猪木スピリチュアル・エッセイ 猪木WIND INOKI-ism／魂の遥かな旅」

053『BIG tomorrow』（青春出版社）１９８８年２月号「熱血INTERVIEW／俺だけの闘い方 アントニオ猪木」

第四章

054『BIG tomorrow』（青春出版社）1988年2月号「熱血INTERVIEW／俺だけの闘い方 アントニオ猪木」

055『Number』（文藝春秋）2002年1月10日・24日号「ロングインタビュー アントニオ猪木『非日常を生む求心力』」

056 アントニオ猪木・村松友視『猪木流「過激なプロレス」の生命力』（河出書房新社）2018年10月30日発行

057『GALAC』（KADOKAWA）2006年3月号「特集 格闘技中継が燃えている！ アントニオ猪木 猪木ワールドを超えろ!!」

058 アントニオ猪木『花が咲こうと咲くまいと生きていることが花なんだ』（経済界）2008年10月8日発行

059『BIG tomorrow』（青春出版社）1998年7月号「アントニオ猪木 闘魂インタビュー 燃え尽きることなくテメエの人生を生き抜け！」

060 木村光一『アントニオ猪木の証明』（アートン）1998年4月10日発行

061『SWITCH インタビュー 達人達 アントニオ猪木 × 天野篤』（ぴあ）2014年3月15日発行

062 アントニオ猪木『真実』（ゴマブックス）2009年5月10日発行

063『週刊ファイト』（新大阪新聞社）1997年6月19日号

064『BIG tomorrow』（青春出版社）1990年10月号「シリーズ・生きていてよかった！ アントニオ猪木 第11回『裏切り』」

065『スコラ』（スコラ）1998年10月8日号「アントニオ猪木×髙田延彦 師弟再会!! in L.A.」

066『スコラ』（スコラ）1987年3月26日号「アントニオ猪木スピリチュアル・エッセイ 猪木WIND INOKI-ism／魂の遥かな旅」

067『MEN'S WALKER』（角川書店）2000年2月1日号「格闘技 新世紀の最強伝説 アントニオ猪木VS百瀬博教『きっと世界を変えてやる』」

068 東邦出版編『「髙田延彦」のカタチ―髙田延彦22年間とは？ 1981-2002』（東邦出版）2002年12月10日発行

069『BIG tomorrow』（青春出版社）1988年2月号「熱血INTERVIEW／俺だけの闘い方 アントニオ猪木」

第五章

070 アントニオ猪木『俺の魂』（あ・うん）2001年9月20日発行

071 アントニオ猪木『踏出力。』（創英社／三省堂書店）2010年1月25日発行

072 アントニオ猪木『元気があれば何でもできる！』（KKロングセラーズ）2007年6月1日発行

073 『スコラ』（スコラ）1989年7月13日号「闘魂炸裂インタビュー アントニオ猪木」

074 『Number PLUS』（文藝春秋）2000年1月号「［巻頭インタビュー］アントニオ猪木『異種格闘技戦の真実』。」

075 アントニオ猪木『花が咲こうと咲くまいと生きていることが花なんだ』（経済界）2008年10月8日発行

076 『BIG tomorrow』（青春出版社）2009年12月号「アントニオ猪木 燃える闘魂インタビュー」

077 『Number』（文藝春秋）1990年5月5日号「再会対談 いまこそ〝闘魂伝説〟を語ろう アントニオ猪木×古舘伊知郎」

078 アントニオ猪木『真実』（ゴマブックス）2009年5月10日発行

079 『スコラ』（スコラ）1987年2月26日号「アントニオ猪木スピリチュアル・エッセイ 猪木WIND INOKI-ism／魂の遥かな旅」

080 アントニオ猪木『花が咲こうと咲くまいと生きていることが花なんだ』（経済界）2008年10月8日発行

081 『SOPHIA』（講談社）1990年9月号「ソフィアインタビュー 男が語る男の本音 アントニオ猪木」

082 『PHP ほんとうの時代』（PHP研究所）2005年11月号「一歩踏み出す勇気 アントニオ猪木」

083 『週刊現代』（講談社）1989年4月8日号「アントニオ猪木激白！『死のうと思ったこともある』」

084 『中央公論』（中央公論新社）2012年9月号「頂上対談 アントニオ猪木×天野篤 いつ何どき、誰の挑戦でも受ける！」

085 『新潮45』（新潮社）2017年11月号「独占手記 私と北朝鮮と生前葬」

086 アントニオ猪木『花が咲こうと咲くまいと生きていることが花なんだ』（経済界）2008年10月8日発行

087 『スコラ』（スコラ）1987年2月26日号「アントニオ猪木スピリチュアル・エッセイ 猪木WIND INOKI-ism／魂の遥かな旅」

088 2012年6月26日付『朝日新聞』朝刊「（ハーフタイム）アントニオ猪木氏、サッカー五輪代表候補に闘魂注入」

089 『BIG tomorrow』（青春出版社）1990年10月号「シリーズ・生きていてよかった！ アントニオ猪木 第11回『裏切り』」

090 KAMINOGE編集部編『KAMINOGE vol.29』（東邦出版）2014年5月12日発行

091 アントニオ猪木『真実』（ゴマブックス）2009年5月10日発行

092 猪木寛至『アントニオ猪木自伝』（新潮社）2000年3月1日発行

第六章

093 木村光一『アントニオ猪木の証明』（アートン）1998年4月10日発行
094 アントニオ猪木『不滅の闘魂』（海鳥社）1998年11月30日発行
095 『プロレス王国 No.16』（KKベストセラーズ）1994年10月30日号
096 『スコラ』（スコラ）1987年4月23日号「夢枕獏 格闘漂流スペシャルWITH猪木WIND」
097 『Number』（文藝春秋）2004年1月8日号「アントニオ猪木 極端な話、興行戦争なんてどうでもいい。」
098 2006年11月7日付『日刊スポーツ』東京日刊「連載 プロレスの証言者アントニオ猪木 新日本と名勝負（14） 革命再び！」
099 KAMINOGE編集部編『KAMINOGE vol.29』（東邦出版）2014年5月12日発行
100 アントニオ猪木『不滅の闘魂』（海鳥社）1998年11月30日発行
101 『爆闘プロレス 1992年秋号』（日刊スポーツ新聞社）1992年10月15日発行
102 アントニオ猪木『花が咲こうと咲くまいと生きていることが花なんだ』（経済界）2008年10月8日発行
103 アントニオ猪木『アントニオ猪木の闘魂ハイスクール』（未来出版）1992年1月6日発行
104 『Number』（文藝春秋）1990年5月5日号「再会対談 いまこそ〝闘魂伝説〟を語ろう アントニオ猪木×古舘伊知郎」
105 アントニオ猪木『踏出力。』（創英社／三省堂書店）2010年1月25日発行
106 『サンデー毎日』（毎日新聞社）1983年12月11日号「アントニオ猪木 三ヵ月の沈黙を破って訴える タイガー・マスクよ！ 帰ってくるなら今までのことは忘れる 新しい道を行くなら早くその道を歩け！」
107 2001年12月12日付『読売新聞』東京夕刊「連載 アントニオ猪木の格闘ロマン（6） 自然回帰でレスラー育成」
108 アントニオ猪木『踏出力。』（創英社／三省堂書店）2010年1月25日発行

掲載された猪木氏の発言について、出版元の許可を取るべく精力を傾けましたが、
どうしてもその転居先や雑誌および記事の継承者がわからないものがありました。
お気づきの方は、編集部までお申し出ください。

アントニオ猪木

1943年2月20日、神奈川県生まれ。13歳でブラジルに渡り、コーヒー農園で過酷な労働に従事していたが、60年に力道山にスカウトされ日本プロレスに入門。同年9月、大木金太郎戦でデビュー。66年、東京プロレスを設立し、エースとなる。日プロ復帰後はジャイアント馬場とのタッグチーム「BI砲」でプロレス人気復活に貢献。72年に新日本プロレスを旗揚げ。「燃える闘魂」と称され、日本人エース対決、異種格闘技戦、IWGP構想などでプロレス黄金時代を築く。98年4月、現役引退。引退後もUFO(世界格闘技連盟)の設立、PRIDEプロデューサーに就任するなど格闘技界に影響を及ぼした。2013年から二期目の参議院議員を務めたが、19年6月26日に政界引退。20年2月に喜寿を迎えた。

宝島
SUGOI
文庫

苦しみの中から立ち上がれ
アントニオ猪木「闘魂」語録

(くるしみのなかからたちあがれ あんとにおいのき「とうこん」ごろく)

2022年 6 月21日　第1刷発行
2022年11月18日　第2刷発行

著　者　アントニオ猪木
発行人　蓮見清一
発行所　株式会社 宝島社
〒102-8388　東京都千代田区一番町25番地
電話:営業 03(3234)4621／編集 03(3239)0646
https://tkj.jp
印刷・製本　株式会社広済堂ネクスト

First published 2020 by Takarajimasha, Inc.
ISBN 978-4-299-03039-9